JN444968

예비유아교사를 위한 유아과학교육

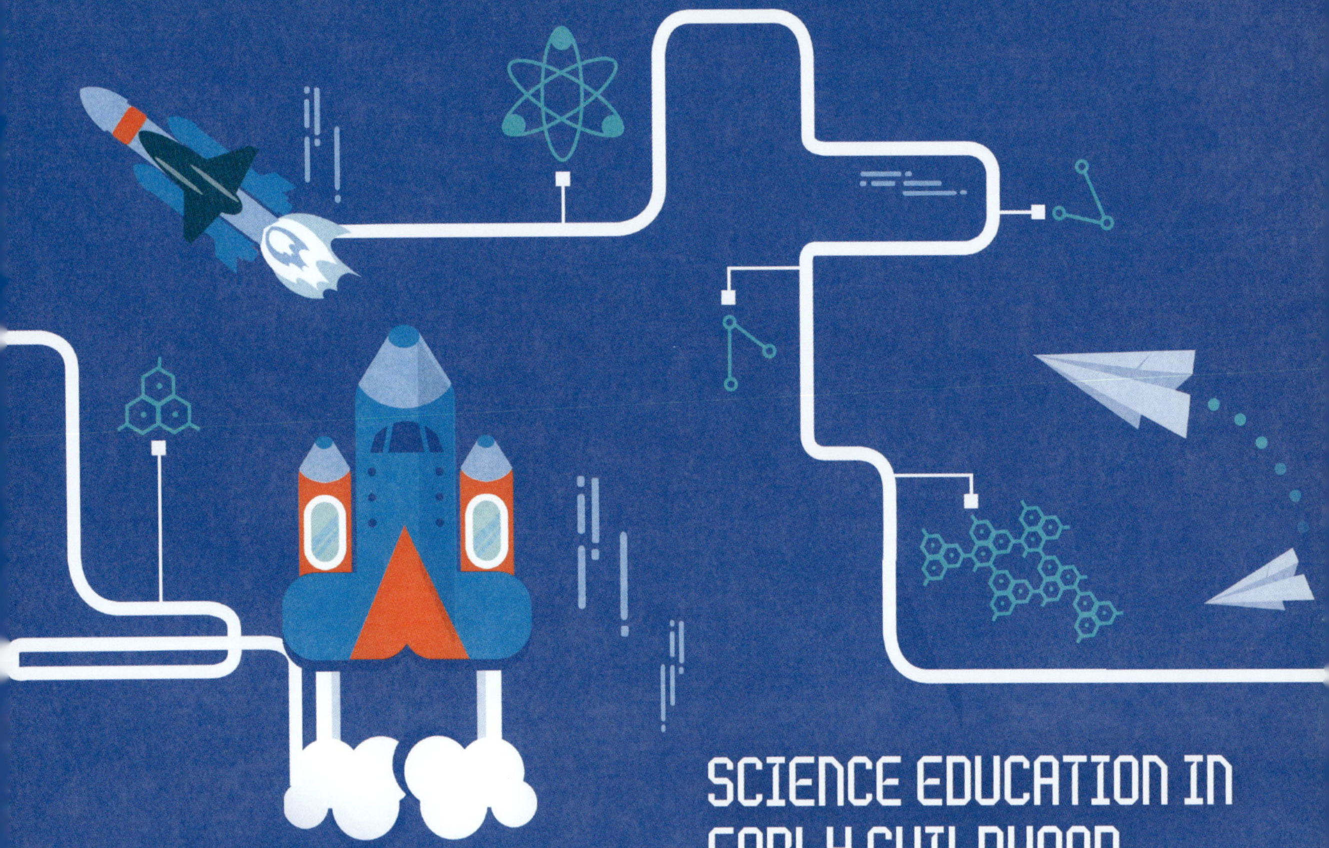

SCIENCE EDUCATION IN EARLY CHILDHOOD

예비유아교사를 위한

유아과학교육

박호철 저

동문사

이 책은 저작권법에 따라 보호받는 저작물이므로 무단전재와 무단복제를 금지하며, 이 책 내용의 전부 또는 일부를 이용하려면 반드시 저작권자와 동문사의 서면동의를 받아야 합니다. 무단전재나 무단복제 행위는 저작권법 제136조(벌칙)에 의거, 5년 이하의 징역 또는 5천만 원 이하의 벌금에 처하거나 이를 병과할 수 있습니다.

들어가는 말

유아과학교육은 과학자를 양성하기 위한 교육이 아니다. 유아과학교육은 타고난 모험가인 유아들이 주변을 탐색하고 자신을 둘러싼 환경을 체계적으로 이해할 수 있도록 도와주는 일상의 가이드 역할을 해야 한다.

유아과학교육을 수년 동안 강의하면서, 많은 학생들이 “유아과학교육은 너무 어렵다”라는 오해를 가지고 외면하는 것을 알게 되었다. 유아과학교육에 대한 이해가 자신들이 초·중등학교에서 받았던 과학교육의 범위에서 아직 벗어날 수가 없었던 것 같다.

본서는 유아교육과 학생들을 위한 것이다. 현장의 구체적인 활동의 소개보다는 유아과학교육을 처음 접하는 학생들이 과학과 과학교육에 대한 이해를 높일 수 있는 이론과 그것을 바탕으로 현장에서 쉽게 적용할 수 있도록 수업의 방법론에 초점을 두어 집필하였다.

어느 영역에서든 교사의 전문성은 티칭에 있다. 구성주의적 교육의 관점이 교육현장에서 확산되면서, 가르치다라는 말보다는 “가이드한다, 촉진한다”는 용어가 교사의 역할을 상징하는 것이 되었다. 어떻게 하면 가이드하고 촉진하는 것에 있어서 일반인보다 전문성을 가지게 될 것인가?

예비교사들의 유아과학교육에 대한 이해가 촉진되고, 그에 적합한 교수-학습방법을 탐구하여 자유자재로 활용할 수 있어야 한다. 본서는 그러한 면을 지원할 수 있도록 과학교육에서 많이 활용할 수 있는 몇 가지의 수업방법과 과학교육의 본질을 이해하기 위한 간단한 이론들을 소개하였다. 본서를 통하여 예비교사들이 과학수업에 대한 중압감을 덜어내고, 과학수업은 그렇게 어려운 것이 아니라는 인식을 가지게 되었으면 하는 마음이 간절하다.

2019년 7월

차 례

들어가는 말 _ 5

CHAPTER 1 과학과 교육

1. 과학의 정의 11
2. 현대과학의 특징 14
3. 과학교육 22

CHAPTER 2 유아의 과학교육

1. 유아과학교육의 중요성 30
2. 유아과학교육의 방향 32
3. 유아과학교육의 내용 37
4. 유아과학교육 내용의 선정 42
5. 유아과학교육 내용의 선정기준 45
6. 유아과학교육의 어려움 46

CHAPTER 3 유아과학교육의 목표

1. 과학적 소양 59
2. 과학적 소양의 육성이 필요한 이유 63
3. 우리나라 유치원 교육과정의 탐구영역의 내용과 목표 66

CHAPTER 4 과학교육의 동향

1. 미국의 과학교육 동향 83
2. 대표적인 과학교육 프로그램들 84

3. 유아과학교육의 변화 방향 90

CHAPTER 5 유치원과 초등학교의 연계성

1. 연계성의 의미 97
2. 유치원과 초등학교 교육과정 연계성 103
3. 연계성과 모방 105
4. 과학교육의 연계성 108

CHAPTER 6 과학적 개념의 습득

1. 개념의 형성 113
2. 개념의 확장 116
3. 귀납적 추론과 연역적 추론 120

CHAPTER 7 과학적 과정기능

1. 유아들의 특성과 과학적 과정기능의 관계 128
2. 과학적 과정기능의 성격 130
3. 과학적 과정기능의 종류 131

CHAPTER 8 과학수업 방법론

1. 구성주의적 관점과 과학수업 139
2. 수업의 모형적인 접근 142
3. 교사의 창의적인 과학수업설계를 위한 노력 146

CHAPTER 9 과학수업의 실제

1. 주제와 학습형태의 선정의 기준 153

2. 과학적 과정기능 접근 158
3. 탐구학습모형 163
4. 모델베이스 학습 171
5. Science Art 접근 191
6. 박물관 과학수업모형 198

CHAPTER 10 유아과학수업에서의 생각해 볼 문제들

1. 과학수업에서 복잡한 개념이나 원리 혹은 용어를 유아들에게 알려줘도 될까? 211
2. 정답을 가르쳐야 할까? 215
3. 나의 수업을 아이들은 이해하고 있는지 알 수 있을까? 216
4. 과학수업은 교사의 질문이 중요하다는데 어떻게 사용하면 좋을까? 218

CHAPTER 11 유아과학교육 평가

1. 유아과학교육 평가의 의의 226
2. 평가의 실제 233

CHAPTER 12 유아과학교육을 위한 환경구성

1. 예비교사를 위한 대학 환경의 구성 247
2. 유아과학교육을 위한 심리적 환경 252
3. 물리적 환경 254
4. 유아과학교육을 위한 지역사회환경 256

참고문헌 _ 261

CHAPTER 1

과학과 교육

1 과학의 정의

우리 주변에서 가장 많이 듣는 단어 중 하나가 과학(science)이라는 말일 것이다. 대중매체에서부터 출판물, 일상의 대화에서도 과학이라는 용어는 많이 사용되고 있다.

"과학적이다", "과학적 사고와 태도", "과학교육", "과학적인 방법" 등 도대체 과학이란 무엇일까?

과학의 실체에 대해서는 무수히 많은 논의가 있었지만, 우리가 알고 있는 과학은 자연과학으로서의 정의가 가장 잘 알려져 있다. 자연과학은 자연의 사물과 현상을 설명하기 위한 이론적·실증적인 탐구를 하는 학문을 말한다.

과학은 크게 자연과학과 사회과학으로 분류할 수 있는데 인문과학을 추가하여 3가지로 분류하기도 하며, 과학연구만을 수행하는 순수과학과 연구결과로 만들어진 원리를 적용하는 응용과학으로도 분류하기도 한다. 순수과학의 경우 생물학, 천문학, 화학 등이 그 영역이며, 응용과학은 컴퓨터공학, 기계공학, 에너지 관련 학문 등이 있다.

과학의 종류와 영역은 인간이 관련된 모든 분야라고 할 수 있으며, 인간의 삶에 많은 영향을 주고 있다. 과학의 사전적 정의는 사물의 현상에 관한 보편적 원리 및 법칙을 알아내고 해명하는 것을 목적으로 하는 지식 체계나 학문이며, 구체적인 영역으로는 물리, 화학, 생물, 지구과학 그리고 과학에 관한 지식, 태도, 탐구 및 문제해결능력을 가르치는 교과목이다.

과학은 일반적으로 자연과학과 사회과학으로 분류할 수 있다. 자연과학은 이성과 관찰 가능한 증거에 근거하여, 인간행동이 원인이 아니라 물리적 세계의 규칙성을 규명하고자 하는 학문이며, 사회과학은 인간행동의 결과로 이루어진 모든 현상(사회, 제도, 규범 등)을 과학적인 방법론을 사용하여 연구하는 학문이다.

〈표 1-1〉 자연과학과 사회과학

자연과학	자연의 법칙과 원리에 의하여 나타나는 자연현상을 연구하는 학문. 생물학, 화학, 물리학, 지구과학, 천체학 등
사회과학	사회구성원인 인간들의 행동을 과학적인 방법으로 연구하는 학문. 심리학, 경제학, 역사학, 교육학, 정치학, 경제학 등

두 과학 분야의 공통점은, 연구를 위한 방법론이다. 과학이 실증적 방법을 이용하여 수행하는 지적활동과 그러한 체계라는 측면에서 본다면 객관적인 탐구방법을 통한 인과관계의 규명과 법칙의 형성이라는 공통점을 가진다. 과학의 결과인 과학지식은 가설과 실험과 검증을 통하여 만들어지는 것이다. 따라서 과학(science)은 과학지식 그 자체를 의미하기도 하지만, 지식을 만들어내는 방법이나 과정이라는 의미도 있다.

과학을 결과만으로 본다면 일반적으로 과학기술이 만들어 낸 산출물을 지칭할 수 있을 것이다. 휴대폰 같은 첨단기계나 컴퓨터, 자동차 등 과학적 개념과 원리를 이용하여 만든 모든 것이 그 대상이 될 수 있다.

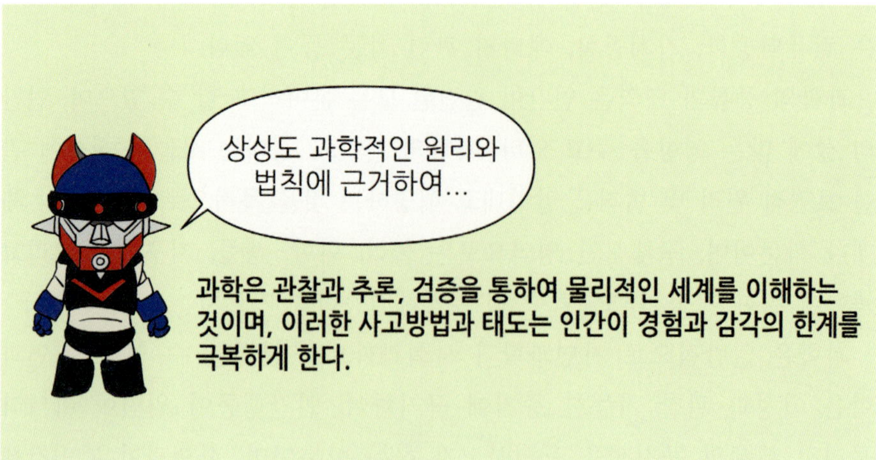

과학적 사고방법의 기능

그러나 과학이라는 말이 인간에게 더 중요한 이유는 그러한 결과물을 만들기 위해서는 합리적이고 객관적이고 논리적인 실증적 사고방법을 가져야 한다는 것 때문이다. 즉, 과학적인 사고방법이다. 과학적인 사고방법은 인간 사고의 과정과 방법에 과학의 특성이 반영되어 있는 것이다. 따라서 어떠한 것을 "과학적이다"라고 하는 것은, 어떠한 것에 객관적이고 합리적이라는 과학의 특성이 포함되어 있다는 것이다.

우리가 살아가는 이 세계는 무수한 사물과 현상에는 모두 그 이치와 원리가 있다. 우리가 흔히 초자연적이라고 분류하는 현상들, 즉 과학적 원리를 가지고 설명할 수 없는 이상한 일들도 분명히 있다. 그러나 지금까지 초자연적 현상이라고 여겨졌던 수많은 현상들이 차례차례 그 원인이 규명되고 있다. 그것이 과학의 힘이며 우리를 매혹시키는 점 중의 하나이다.

세인트 엘모의 불(Saint Elmo's fire)

과학이 진정으로 인간의 삶에 영향을 미친다면, 과학교육을 담당하는 교사의 입장에서는 "어떻게 하면 과학적인 사고방법을 습득하고 그에 따른 합리적인 행동방식을 개발하여 인간의 삶을 긍정적으로 변화시킬 수 있을 것인가"를 고민해야 한다.

2 현대과학의 특징

과학적 지식이란 체계적인 정보의 수집과 객관적인 증거에 의하여 증명된 지식의 체계이다. 과학이론과 지식은 객관적인 관찰과 실험을 통한 경험적 사실로부터 체계적이고 객관적인 방법을 통하여 만들어진다. 따라서 과학적 지식은 객관적인 방법으로 증명된 지식이며, 절대적인 신뢰성을 가지고 있다. 전통적으로 과학지식에 대한 관점은 귀납주의적 과학관이라고 할 수 있는데, 귀납주의적 과학관은 귀납적인 사고방법에 근거하여, 특수한 개별적 사례들에 대한 관찰을 통해 일반적인 원리나 보편법칙을 이끌어 내는 것을 말한다.

예를 들어, 백조라는 새를 생각해보자. "백조의 색은 흰색인데, 야생에서 살아가는 백조도 희고, 동물원의 백조도 희다. 그리고 TV나 사진에서 본 백조도 희다. 따라서 이 세상의 모든 백조는 희다."라는 결론을 내릴 수 있다. 백조는 이렇게 완벽하게 흰새가 되었지만 그러한 증거만으로는 이 세상의 모든 백조의 개체가 희다는 사실을 완전히 증명하지는 못했고, 다만 논리적인 면에서만 사실이었다(17세기 후반 호주에서 검은 백조가 발견되었다). 즉, 논리를 반박할 수 있는 새로운 발견이 이루어지면 언제든 부정이 가능한 것이다.

그러나 귀납적인 과학관은 이러한 허점에도 불구하고 인간이 추론을 통하여 사고와 지식확장을 가능하게 한 것은 부인할 수 없는 사실이다.

흑조(Black Swan)의 발견

과학 철학자인 토마스 쿤(Thomas Kuhn)은 "어차피 모든 과학 지식은 상대적이므로 언젠가는 무너진다. 따라서 이를 신뢰할 필요가 없으며, 과학적 지식의 변화는 백조에서의 예처럼 혁명적으로 갑자기 이루어진다(1962)"라고 주장하였다.

이러한 쿤의 주장은 절대적인 과학적 지식이라도 새로운 발견과 탐구를 통하여 그 가치가 변할 수 있으며, 한 세대를 공유하고 있는 구성원들이 합의하면 과학에 대한 가치나 진리가 변할 수 있다는 것이다. 즉, 과학적 지식은 인간의 눈에 잘 띄지 않는 먼 곳에 있는 것이 아니라 그 지식을 공유하던 사람들의 가치관(쿤은 이것을 패러다임 'paradigm'이라고 이야기한다)이나 신념, 기술 등에 의하여 결정된다는 것인데 그러한 것들은 절대적이지 않다는 것이다.

전통적인 과학관이 과학적 지식은 변하지 않는 절대적 가치와 권위를 가지고 있었고, 과학적인 진리와 가치는 사람들에 의하여 결정되는 것이 아니고 원래부터 그 가치를 가지고 있다고 주장하였지만, 쿤은 과학적 지식도 변화하며 그 가치도 인간이 부여하기 나름이라는 결론을 내리고 있다.

현대적인 과학관에서는 과학이란 그 시대 사람들의 삶과 분리된 사실로서 존재할 수 없고, 인간의 삶과 밀접하게 상호작용하고 있으므로 인간 삶의 방식이 변화함에 따라 과학 역시 변화하고 있다.

블랙스완(Black Swan)

1790년 존 레이섬이 발견한 검은 백조는 "모든 백조는 희다"라는 거의 절대적이었던 패러다임을 한순간에 파괴시켰다. 백조는 말 그대로 흰색의 새라는 의미인데, **검은 흰새**가 되어버린 것이나 마찬가지인 것이다. 패러다임의 급작스러운 붕괴는 사람들을 당황하게 하고 공포에 질리게 한다.

현재, 블랙스완은 "일어나는 것이 불가능하다고 생각하는 것이 실제로 발생하는 것"이라는 의미로 쓰이고 있다. 블랙스완을 그러한 의미로 사용한 사람은 레바논 출신의 경제학자 **나심 니콜라스 텔레브**(Nasim Nicholas Taleb)인데, 일어날 가능성이 매우 낮지만, 일단 일어나면 엄청난 충격과 혼란을 주는 사건을 가리키는 용어가 되었다.

2007년에 미국에서 발생한 부동산 버블에서 시작된, 서브프라임 주택담보대출 사건은 블랙스완의 가장 대표적인 예이다. 미국의 연방준비은행이 2001년 이후부터 저금리정책을 펴고 은행들이 신용대출 자격요건을 완화했고, 은행 금리 인상보다 주택가격 상승 속도가 더 높아지자 사람들이 너도나도 자기 집을 담보로 은행 대출을 받아 집을 사들였다.

대출금 상환을 못하더라도 담보인 집을 팔아버려도 남는다는 생각이었다. 결과적으로 집값이 폭락했고 수많은 사람들이 파산했다. 대출해 준 은행, 투자회사 등도 모두 망했고, 달러화 폭락과 동시에 미국경제는 크게 후퇴하였다. 그리고 그 영향으로 세계경제도 망해버렸다. 아직도 세계경제는 그 여파로 경제위기 이전으로 돌아가지 못하고 있다.

2002년의 9.11 테러도 블랙스완의 예라고 할 수 있다. 세계 최고의 강대국이자 경찰국가로 불리는 미국의 중심부를 실제로 공격할 수 있는 나라나 집단이 존재할 것이라고는 아무도 생각하지 않았었다. 가끔 영화에서나 볼 수 있던 일이 실제로 일어난 것이다. 사람들은 충격과 공포로 일상적인 테러에 대한 불안감에 빠져들었고 이라크 전쟁으로 후세인정권이 몰락했으며 아프가니스탄까지 전쟁이 확대되어 여전히 계속되고 있다.

1986년의 러시아에서 발생한 체르노빌 원자력발전소 사고도 블랙스완의 예라고 할 수 있다.

(1) 과학의 영역이 인간의 일상적인 삶으로 확대되고 있다

과거의 과학영역은 자연현상과 사물의 이치를 규명하는 것이었다. 우리가 알고 있는 실험이나 가설, 문제 제기, 일반화 같은 전문적인 과학탐구의 기술은 장기간의 전문적인 교육을 받은 과학자들만이 할 수 있는 특수하고도 전문적인 활동이었다.

그러나 모든 "사람들을 위한 과학"으로의 과학교육의 변화와 과학 기술의 발달은 과학지식을 대중화시키고 있다. 최근 어려운 과학이론을 쉽게 풀이한 과학 서적의 발간, 인터넷과 SNS의 발달은 고급지식이라도 누구나 쉽게 접할 수 있게 해주었으며, 과학 기술의 혜택을 모든 사람들이 받고 있으며, 활용하고 과학지식을 이용할 수 있게 하였다.

사회가 다양하고 복잡해질수록 사람들의 삶도 복잡해지고, 이에 뒤따르는 여러 가지 문제들 또한 과학적인 방법을 사용하지 않으면 해결이 불가능할 정도로 복잡해지고 있다.

과학 및 고급지식의 대중화

결국, 사람들은 좋든 싫든 과학과 관계를 맺지 않을 수 없게 되었기 때문에 개인의 경제적인 측면이나, 정치, 사회관계의 문제해결에 있어, 과학적인 지식과 사고, 행동, 기술의 영향력이 점점 커지고 있다.

(2) 과학의 영역들이 통합되고 있다

현대과학기술은 너무도 복잡하여 한 영역에서의 발달만으로는 진보가 이루어질 수 없다.

개별화된 과학영역의 연구들이 이미 한계에 도달할 정도로 진행되어, 다른 영역과의 통합으로 새로운 영역을 개척하고 있다. 1939년에 발간된, 미국의 과학소설가 A. E 반 보그트(A. E. Van Vogt)의 <비글호의 모험(The Voyage of the Space Beagle)> 중 "진홍의 불협화음(Discord in scarlet: 영화 "에일리언" 시리즈의 원전이라고 할 수 있다)"에는 종합과학자라는 독특한 직업이 나온다. 종합과학자가 하는 일은, 다양한 영역의 과학자들 의견을 종합하고 분석하여 문제해결을 위한 적절한 의사결정을 내리는 것이다.

단일영역의 과학으로는 우주선에 침입한 에일리언을 퇴치하지 못하자 종합과학자가 나서서 각 영역의 기술들을 융합한 무기를 만들어, 에일리언을 우주선 밖으로 쫓아버린다는 내용이다.

비글호의 모험

현대과학은 과학뿐 아니라 다른 영역에 대한 이해와 교류 없이는 발전하기 힘들다. 2000년대 이후 미국 과학교육의 특징 중의 하나가 학문간의 교류를 강조하는 것이다. 한 영역이 다른 영역과 교류하는 것은 다른 영역을 알고 이용하기 위해서 이기도 하지만, 다른 영역의 이해를 통해서 자신의 모습을 더 잘 파악할 수 있기 때문이다. 자신의 모습을 잘 파악하는 순간 발전의 방향을 스스로 제시할 수 있고, 내부에 존재하는 모순과 문제들을 해결할 수 있기 때문이다.

(3) 과학기술이 더욱 강조되고 있다

일반적으로 과학기술이라는 용어는 대부분의 사람들이 과학과 기술이 합쳐진 용어라고 생각하지 않는다. 두 단어가 합쳐져서 사용되는 것이 너무나도 당연하게 생각하기 때문이다. 과학기술은 과학과 기술이 혼합되어 만들어진 용어이다. 과학과 과학기술은 같은 뜻으로 사용되기도 하지만 미묘한 차이들이 있다.

엄밀한 의미에서 과학기술은 과학탐구에서 얻어진 이론과 법칙에 근거하고 있으므로 "과학의 이론과 원리에 근거한 기술"이라는 용어가 적합할 것이다.

과학과 기술이 반드시 서로 상호작용하며 발달해 왔다고는 할 수는 없다. 19세기 이전에만 해도 과학적인 이론이나 지식 없이도 사람들은 물건을 만들고 잘 사용해 왔었고, 나름 첨단기술이 필요한 배(ship) 같은 경우에도 현대적인 과학이론 같은 것을 응용하지 않아도 아주 오래전부터 만들어 사용해 온 것이다. 19세기에 이르러서야 과학과 기술은 협력체제를 만들기 시작했다.

과거의 과학이 순수과학에 치중하고 있었다면, 현대는 과학연구를 통하여 발견된 원리를 적용하는 응용기술이 강조되고 있다. 20세기 초반부터 급격하게 발달한 과학기술 때문에 인류의 부유한 삶과 생활의 편리함을 누리게 되었고 정보산업과 생명공학, 인공지능, 우주와 관련된 과학기술의 발달로 인하여, 미래인류의 안전과 윤택한 삶을 예측할 수 있게 되었다.

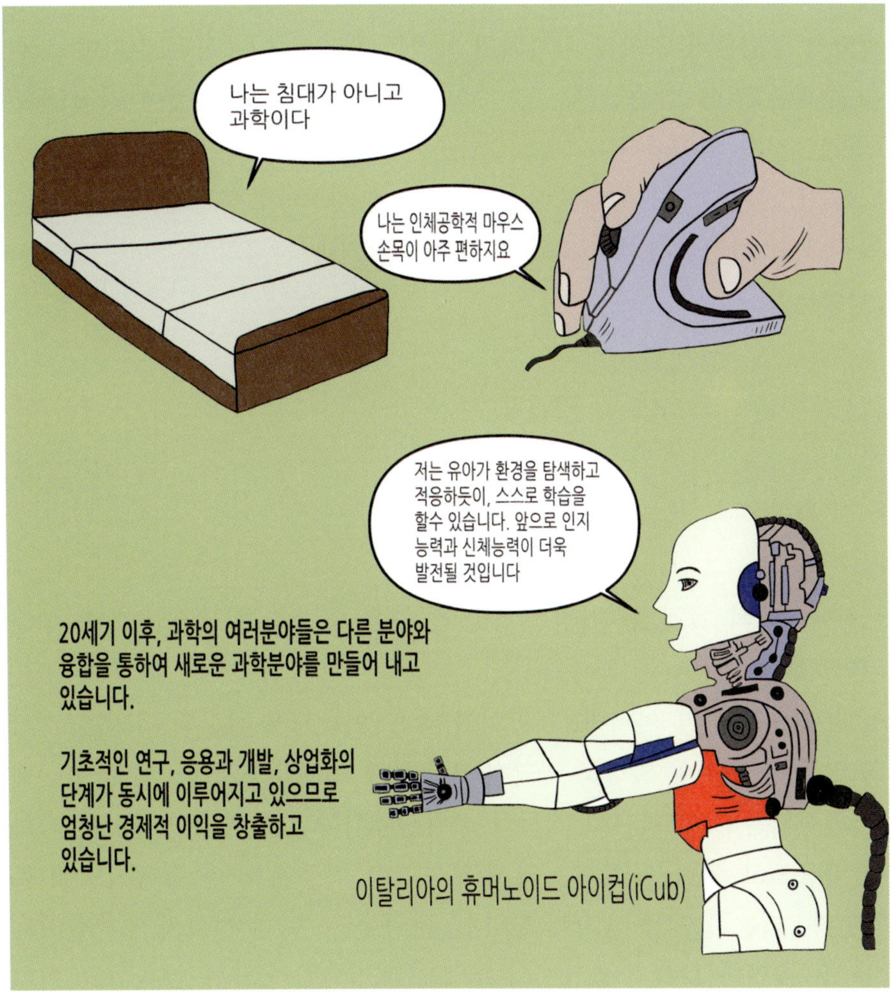

현대과학의 특징

3 과학교육

하드슨(Hodson, 1993)은 과학교육의 목적을 'learn science, learn about science, learn to do science'로 규정하였다. 과학을 학습한다는 것의 의미는 과학적 지식이나 개념을 습득하는 것이며, 과학에 대하여 학습한다는 것은 과학적 방법론과 과학과 사회와의 복잡한 관계를 이해하는 것이며, 과학을 행하는 것을 학습한다는 것은 과학적 탐구와 문제해결에 직접 참여한다는 것을 의미한다.

이 세 가지는 과학교육에서 균등하게 배분되어야 하는데 단순히 개념의 형성만을 강조하거나 과학적 원리의 발견과 지식의 습득만을 강조하지 않는다.

(1) 무엇을 가르쳐야 할 것인가?

① 과학적 사고능력과 문제해결방법

현대과학의 특징 중 가장 두드러진 것은 인간의 일상적인 삶과 연결되어 간다는 것이다.

"침대는 가구가 아니고, 과학이다"라는 어느 TV 광고의 유명한 카피도 있듯이, 우리의 일상도 과학과 밀접하게 연관되어 있다. 단지 물건에만 한정되는 것이 아니고 개인의 소비생활이나 일상의 문제에서도 과학이 적용되고 있다. 직장에서의 업무처리를 어떻게 하면 효율적으로 할 것인가? 라는 문제를 생각해 본다면, 사람들을 좀 더 다그치거나 일하는 시간을 늘린다고 해서 효율성의 문제는 해결되지 않는다. 보다 합리적인 방법이 필요하다. 업무의 원활한 진행을 방해하는 요소들을 찾아내고,

그것을 제거하고 대안을 찾아내어 비효율적인 요소들을 제거해야 한다.

개인의 경제생활도 마찬가지이다. 수입에 비해 지출이 많을 때, 불필요한 소비를 찾아내고 수입과 지출의 균형을 잡을 수 있는 방법을 찾아내는 것도 모두 과학적인 삶이다. 복잡하고 다양한 요인들이 얽혀 있는 현대사회에서는 즉흥적이고 충동적인 의사결정은 개인에게 엄청난 피해를 입힐 수 있으므로 과학적인 사고능력과 문제해결능력의 함양은 필수적이다.

② 과학지식과 기술, 태도

과학지식과 기술은 전통적인 과학교육의 내용이었으며, 모두를 위한 과학이라는 슬로건을 내건 현대과학교육에서도 필요한 부분이다. 과학교육의 방법으로서 학습자의 흥미를 강조하고, 태도와 학습과정을 강조하고 있지만, 그 과정에는 과학지식과 기술에 대한 직·간접적인 경험이 필요하다. 학습자가 흥미로운 과학지식과 기술을 경험하게 되면, 과학에 대한 관심과 학습동기를 더욱 높여 줄 수 있으며, 창의적인 변형을 시도하게 한다.

유아의 경우, 과학지식과 기술, 태도는 일상의 모든 사소한 일들을 기반으로 하여 체득해 간다. 따라서 일상의 삶에서 유아들이 가지고 있는 호기심을 자극하고 격려하는 환경적인 기반이 조성되는 것이 중요하다.

(2) 어떻게 가르쳐야 하며 강조할 것은 무엇인가?

① 개인적이면서도 사회적 관점을 동시에 강조해야 한다

현대과학교육은 전문과학자의 육성이 목표가 아니다. 사람들이 자신의 실제 생활과 깊이 연관되고 삶의 변화와 발전을 가져올 수 있는 지식을 배울 때, 관심과 열정은 높아진다. 즉, 과학교육의 내용이나 기능, 태도가 자신의 일상에서 적용되어 문제해결에 도움이 될 때 교육의 효과는 극대화되므로 일상에서 과학교육의 내용을 선정하고 일상이 교과서가 되어야 한다. 실생활과 연계되는 개인·사회적 관점의 과학교육은 장차 학생들이 사회인으로 생활하면서 직면하게 될 문제해결 상황에 필요한 지식, 가치, 태도, 방법을 제공할 수 있어야 한다.

② 과학영역들을 통합할 수 있는 방법을 모색한다

과학의 전통적인 영역인 생물, 화학, 물리, 지구과학들을 분리해서 가르치기보다는 통합적인 개념 이해를 위한 방법론이 필요하다. 현대과학의 각 영역들은 연구의 정도가 매우 심화되어 한 영역의 과학자라 할지라도 다른 영역에 대해서는 거의 알지 못하였지만 그러나 과학영역의 통합적이면서도 세분화하는 추세가 혼재되어 나타나고 있는 경향이 뚜렷해지고 있다. 학생의 관점에서 세분화는 과학에 대한 이해의 폭을 좁게 만들 수 있으며, 창의성이 제한될 수 있다. 서로 다른 영역에 대한 이해는 새로운 과학 영역의 창조를 가능하게 한다.

③ 결과보다는 과정중심적인 교수 방법을 강조해야 한다

과학지식은 개인의 삶을 위한 도구이다. 전문과학자의 육성보다는 과학적 소양을 갖춘 시민의 양성이라는, 현대과학교육의 목표는 교육의 방법적인 측면에서 지식보다는 과정을 강조하고 있다. 구성주의적 관점의 교육의 확산은 지식의 대중화를 불러왔다. 과거에는 전문가의 영역에 속했던 고급지식도 일반인들이 인터넷을 통하여 아주 손쉽게 접할 수 있다. 따라서 지식 그 자체보다는 어떻게 지식이 만들어지는가? 그리고 어디서, 어떻게 내가 원하는 지식을 접할 수 있을 것인가? 라는 질문이 더 중요한 학습의 강조점이 되고 있다.

복잡하고 다양한 사회는 문제해결의 과정 역시 복잡하므로 고전적인 과학의 영역인 자연과학의 탐구과정을 개인 및 사회 문제해결에 활용할 수 있는 능력을 길러주어야 한다. 교육과정 구성뿐 아니라 학습의 구체적인 방법의 측면에서도 지식보다는 지식을 만들어내는 과정적 학습을 강조하여 개인의 사고능력 함양과 합리적인 사고방법을 활용하도록 해야 한다.

글쓰기 연습을 겸한 요약 및 복습 1

기술과 서술의 차이점	
서술	기술보다 넓은 의미로 어떤 사실에 대한 특징을 순서대로(시간적, 인과적) 적어나가는 것. 글쓴이의 주관적 관점이 논리에 따라 드러나야 한다.
기술	어떤 대상에 내용이나 특징들을 열거하여 쓰는 것을 말한다. 글쓴이의 주관적 관점은 배제된다.

1. 기술 및 서술과제

과제 1	과학적 사고방법이란 무엇인지 기술해 봅시다.
과제 2	현대과학의 특징을 기술해 봅시다.

2. 키워드를 따라가는 학습

다음 키워드의 뜻이나 정의를 써 보거나 설명해 봅시다.

과학 · 비과학 · 미신	
블랙스완	
과학지식의 대중화	
과학과 기술의 관계	

CHAPTER 2

유아의 과학교육

유아들에게 일상은 경이와 즐거움으로 가득 차 있다. 유아들은 타고난 탐험가로서, 누가 시키지 않아도 스스로 자신을 둘러싼 환경을 탐구하고 그것을 즐긴다.

유아기의 과학교육은 초중등의 과학교육과는 여러 가지 측면에서 많은 차이가 있다. 일반적으로 우리가 알고 있는 가장 큰 차이점은 "과학활동의 특성"에 있다. 중고등학교에서의 과학이라는 과목을 상기해 보면 실험실, 실험장비, 재료들이 우선 떠오르겠지만 유아의 과학교육은 그러한 일상에서 다소 떨어져 있는 물건들을 굳이 사용할 필요가 없다.

유아과학은 유아가 관심을 보이는 일상의 작은 도구, 물건, 현상을 이해하기 위한 활동이다. 과학이라는 용어는 유아들에게 있어 곧 삶이나 생활이라는 용어로 대체할 수 있을 것이다. 이것이 유아과학교육만의 독특한 점이라고 할 수 있다.

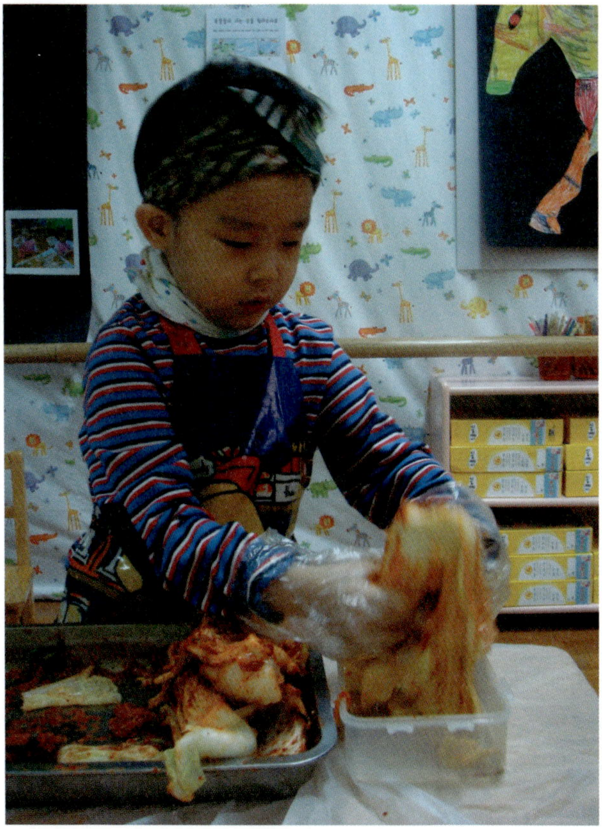

유아들에게 일상은 최고의 교과서이다

1 유아과학교육의 중요성

"유아과학교육은 중요하다"라는 표현은 다소 진부하다. 그리고 "유아과학교육은 왜 중요한가?"라는 질문도 마찬가지이다. 유아과학교육은 유아들의 일상이 그 주된 대상이며, 유아의 과학활동은 유아들의 일상생활 그 자체이기 때문이다.

과학이 중요한 것은 인간에게 유익한 기술을 개발할 수 있기 때문이라는 것도 그 대답이 될 수 있다. 하지만, 유아에게 유익한 기술이란 최첨단의 전자제품이나 고도로 발달한 기술이 아니고, 주위에 널려 있는 수많은 도구와 주변에서 일어나는 수많은 현상들을 이해하고, 사고능력과 탐구력을 개발하여 자신이 직면하는 문제를 해결하고 사회의 구성원으로서 역할을 수행하는 능력이다. 이러한 능력의 개발에 큰 영향을 미치는 영역이 유아과학교육이다.

(1) 개인적 측면의 중요성

① 유아과학교육은 유아들의 타고난 과학자적 특성(호기심과 태도)을 개발하도록 돕는다

유아는 태어날 때부터 과학자로서의 자질을 가지고 있다. 주변 세계를 본능적으로 탐색하고 밀접한 상호작용을 통하여 흥미와 호기심을 스스로 충족시키는 특성을 가지고 있기 때문에 유아들의 탐구에 대한 성인의 의도적인 동기유발이 거의 필요 없으며, 성인들이 관심을 가지고 지켜보고, 탐구를 격려하고 도와주는 환경을 조성해 준다면 더욱 활발하게 개발될 수 있다.

② 유아과학교육은 유아들의 사고능력과 문제해결력을 길러준다

스스로의 노력으로 체득된 과학적 탐구능력을 기반으로 하여 유아들은 일상에서 직면하는 문제들의 해결능력을 양성하고, 사고능력의 전반적인 향상을 통하여 성인기의 합리적인 삶을 준비할 수 있다.

(2) 사회 · 국가적 측면

① 유아과학교육은 과학적 소양을 갖춘 시민으로 성장하는 토대를 마련해 준다

과학교육을 통하여 형성된 합리적이고 민주적인 사고방식과 행동양식은 현대사회를 유지하는 필수적인 덕목이므로 과학교육을 통하여 그러한 소양을 갖추고, 시민으로서 성장할 기초를 배양할 수 있다.

② 유아과학교육은 과학과 과학기술발달 최초의 시점이다

호기심과 문제의식에 근거한 탐구정신은 체계적인 과학교육을 통하여 과학기술을 발달시킬 수 있으며, 과학기술의 발달은 국가와 사회 번영의 토대가 된다.

최근 국가경제력은 과학 기술의 발달 정도에 따라 좌우되고 있으며, 첨단과학기술을 보유한 글로벌기업이 벌어들이는 돈은 엄청나다. 따라서 대부분의 나라들이 첨단과학기술을 적극적으로 보호하고 있으며, 자국의 과학 기술을 발달시키기 위하여 막대한 투자를 하고 있다.

2 유아과학교육의 방향

영유아기의 과학이 중요하다는 것은 교사, 부모들도 모두 알고 있지만, 중요하기 때문에 무엇을 어떻게 해야 할지를 구체적으로 말하기는 쉽지 않은 문제다.

영유아기의 과학은 지식의 문제가 아닌 유아의 삶의 방식과 밀접하게 연관이 있으며, 또 사물이나 자연현상에 대한 이해와 이를 바탕으로 과학적 사고능력을 함양하여 장기적으로 성인기의 일상에서 직면하는 문제를 합리적으로 해결할 수 있는 문제해결능력과 연관되어야 한다.

(1) 유아과학교육의 대상

다음의 글을 읽고 영유아기의 교육에서 과학이란 어떤 의미가 있으며 과학교육의 방향이 어떠해야 할지를 생각해 보자.

"만 3세의 여아를 가진 젊은 학부모가 있다. 자녀교육에 관심을 가진 부모라면 그 나이 또래의 유아들이 어떤 것에 관심을 가지고 있는지 잘 알고 있을 것이다. 이 부모들은 아이가 동물에 호기심을 보이는 것을 알고 동물원에 아이를 데리고 갔다. 책과 TV를 통해서 보았고, 기억하고 있는 여러 동물들을 보며 아이의 호기심과 흥미를 충족시켜줄 생각이었다. 그러나 동물원에서 아이의 행동을 지켜본 부모는 곧 고민에 빠지게 되었다.

처음에 아이는 호랑이, 기린, 사자 등 여러 동물을 보면서 즐거워했지만, 그것도 잠시, 아이는 부모들이 생각하지도 못한 것에 관심을 보였다. 아이는 동물들 우리의 한쪽 구석에 관람객들이 흘린 과자부스러기 옆에 모여서 부지런히 움직이고 있는 개미들에 관심을 보이고 계속 구경하고 싶어 하는 것이었다. 조그만 나뭇가지로 과자부스러기를 옆으로 살짝 치워보기도 하고, 개미들이 움직이는 길을 나뭇가지로 막아보기도 하였다. 아이는 땅에 쪼그려 앉아서 오랫동안 그곳을 떠날 줄 몰랐다".

-어느 학부모의 이야기-

이 이야기는 유아과학교육의 표적 대상에 관한 이야기이며 유아기 과학교육에 대한 여러 가지 생각할 문제들을 던져주고 있다. 또 유아과학의 대상인 유아들의 독특한 특성에 대하여 알려주고 있다.

유아과학교육을 구체적으로 실행하기에 앞서, 유아들이 어떤 존재인가를 먼저 이해해야 한다.

교육은 변화라는 의미가 내포되어 있다. 그 변화는 학생에게서 일어나는 변화이므로 유아과학교육의 대상은 교사나 학부모가 아니라 유아들이다. 유아들에게 적절할 것 같았던 부모나 교사의 교육적인 결정이 빗나가는 경우를 많은 부모나 교사가 한번쯤은 경험하였을 것이다.

이런 이야기에서 학부모들은 자신들이 생각했을 때, 유익한 체험이라고 생각한 동물원을 (적지 않은 비용을 들여서) 아이와 탐방하였다. 그러나 아이는 동물원의 동물보다도 집 근처 동네에서 흔히 볼 수 있는 개미들에게 더 많은 관심을 보였다. 그렇다면 동물원 탐방은 부모들이 예상했던 것과는 어떻게 다른 결과를 가져왔으며, 부모들은 이러한 이야기를 주위의 사람들에게 전하면서 "도대체 어디를 데려가야 하고 무엇을 보여줘야 될까?"라고 고민하며 유아들의 독특한 세계를 이해하기 어렵다고 생각하게 될 것이다.

동물원은 유아들이
가장 좋아하는 장소 중 하나이다

(2) 유아과학교육의 방법

또 다른 이야기를 들어보자.

어느 유치원에서 부모교육이 진행되고 있었다. 그날의 이슈는 어떻게 하면 유아들이 영어에 관심을 가질 것인가에 관한 것으로 초청한 강사에 의해 특강이 진행되고 있었다. 강사가 참석한 학부모들에게 어떻게 하면 유아들이 영어에 관심을 가지게 할 것인가에 대한 부모님들의 의견을 물어보았다.

"어떻게 하면 유아들이 영어에 관심을 가질 수 있을까요?"라고 강사가 학부모들에게 물어보자 어느 학부모가 손을 들고 다음과 같이 대답하였다. 아이들에게 예쁘고 재미있어 보이는 사진(아이들이 좋아할 것 같은)이 잔뜩 들어 있는 영어 동화책이나 그림책을 보여주고, "책에 무엇이 쓰여 있는지 궁금하지? 알고 싶으면 영어를 열심히 공부해 봐. 그럼 재미있는 걸 알게 된단다. 이렇게 하면서 영어에대한 관심과 학습 동기를 가지도록 유도하면 좋을 것 같아요"라고 대답했다.

그러자 주위의 많은 학부모들이 아~ 하고 동의를 하였다(여러분은 어떻게 생각하는가? 이렇게 하면 유아는 영어에 관심을 가질까?).

그러자 잠시 후 강사가 학부모에게 반문하였다. "어머니, 어머니라면 정말 맛있어 보이는 이탈리안 음식 사진과 요리방법이 잔뜩 있는 이탈리아어로 쓰여진 요리책을 읽기 위하여, 지금부터 이탈리아어를 공부하시겠습니까?"

-어느 부모교육 강사의 이야기 -

위의 사례는 방법의 문제이다. 수많은 이론가들과 교사들이 유아중심의 교육방법에 대하여 이야기하고 있지만, 정작 실천적인 문제에 있어서는 우리는 그동안 교사나 학부모의 관점을 가지고 유아들에게 접근하지 않았는지 생각해 보아야 한다.

아이에게 아름답게 꾸며진 영어 그림책보다 더 흥미 있는 것이 주위에 많다. 아이는 영어 그림책을 읽기 위하여 영어를 공부하기보다는, 당장 놀이터와 집 주위의 화단에서 일어나는 일에 더 흥미가 많으며, 모래놀이, 어항의 물고기들, 건드리면 변신하는 로봇, 집 안 혹은 집 밖에서 자주 만나는 개와 고양이가 더 흥미로우며, 그것들에 대하여 알고 싶어할 것이다.

유아들의 놀이는 곧 학습이다

정말 유아들이 영어에 관심을 가지게 하고 싶다면, 차라리 부모님이 영어책을 읽어주거나 집에서 가끔 영어를 사용하는 것이 더 나은 방법이 될 것이다.

이것은 복잡한 이론이나 정보를 이용해서 풀어나갈 문제가 아니다. 우리가 분명히 인식해야 할 문제는 교사나 학부모가 유아들이 무엇을 보고 있는지, 무엇을 보고 싶어 하는지를 이해하면 간단한 문제이다. 그리고 그것이 무엇인지는 학자들보다는 유아들의 행동이 더욱 잘 가르쳐 줄 수 있다.

부모들이 자녀의 교육에 대한 관심이 높아지면서, 그 어느 때보다 더 자녀교육에의 열정과 관심이 커지고 체계적으로 변하였으며, 유아교육에 대한 수준 높은 정보를 습득함으로써 자녀교육에 대하여 관심을 넘어서 실천이 중요하다고 여기는 것 같다.

그러나 그 실천이 유아의 세계를 이해한 상태에서 출발해야 실제적인 행동의 효과를 볼 수 있을 것이다. 즉, 유아가 진정 무엇을 좋아하며, 알기를 원하는지에 대한 이해가 전제되어야 한다. 물론 교육기관이나 교사 또한 마찬가지일 것이다.

유아과학교육은 유아들의 세계에 대한 이해에서 출발해야 과학교육의 목표설정은 물론 내용구성과 방법에 있어서 올바른 방향을 잡을 수 있다. 유아들이 정말 원하는 것과 어른들이 생각하는 유아들이 원할 것이라고 생각하는 것과는 많은 차이가 있음을 명심해야 한다.

아이와 부모는 서로 다른 꿈을 꾼다

3 유아과학교육의 내용

과학교육에서 무엇을 가르칠 것인가를 생각해 본다면 그 대략의 답은 이미 앞의 두 가지 사례에서 나와 있다. 어떻게 보면 가장 쉬운 문제이기도 하고 가장 어려운 문제라고 할 수 있다.

교과영역의 내용과 교육방법은 교과목표와 연관이 있으므로 목표가 어떻게 설정되었는가에 따라 결정된다.

과학교육 내용을 선정할 때 많이 고려되는 것이 지식과 태도 그리고 흔히 기능(기술)이라고 부르는 스킬(skill)이다. 과거의 과학교육은 지식의 습득을 강조하였다. 현대과학교육의 목표가 지식의 습득에서 과학적 소양의 함양으로 옮겨가고 있으므로 지식, 태도, 기능의 3가지 요소가 균형이 잡혀 있어야 한다.

(1) 과학교육 내용의 구성요소

① 과학적 태도(scientific attitude)

어떤 일이나 상황, 문제 등에 직면했을 때, 사람들이 나타내는 입장이나 자세를 태도라고 한다. 태도에는 사람들에게 깊이 내면화된 규칙성이나 일관성이 내포되어 있다. 특정한 상황에서 특정한 태도나 자세를 취한다는 것은 유사한 경험의 반복으로 인하여 그러한 것이 형성된다.

과학교육에서 태도는 과학을 대하는 자세나 가치, 신념 등을 종합하여 말하는 것이다. 과학교육의 과정에서 형성되는 태도는, 아동기뿐만 아니라 성인기의 문제 상황에 직면했을 때, 과학적인 사고방법과 행동으로 문제를 해결할 수 있는 토대가 된다.

마틴 등(Martin et al., 2005)이 제시한 과학적 태도는 솔직성, 비판성, 호기심, 협동성, 적극성, 객관성, 끈기 가지기 등으로서, 호기심, 문제의식, 긍정적인 마음 자세, 도전정신, 더 알고 싶어 하는 마음, 새로운 경험에 대한 개방성, 타인의 견해에 대한 존중 등으로 요약될 수 있는데, 성인들이 가져야 하는 과학적 태도와 별다른 차이가 없다. 이러한 정의적 영역이 과정중심적인 과학교육을 통하여 유아들에게 내면화될 수 있어야 한다.

〈표 2-1〉 과학적 태도

호기심과 문제의식	• 사물과 자연현상에 대한 궁금증을 가지고 적극적으로 좀 더 알아보고 싶어 하는 마음가짐 • 쉽게 믿음을 가지거나 확신하지 않고, 신중하게 증거와 근거를 찾으려는 마음
긍정적인 마음가짐	• 과학에 대한 긍정적인 신념과 과학적 가치의 존중 • 지적이고 합리적인 사고방식에 대한 신뢰
도전정신과 실패를 두려워하지 않는 태도	• 실패를 통하여 배우려는 자세 • 자신의 능력에 대한 믿음과 긍정적인 자세 • 어려움이나 복잡함의 직면을 회피하지 않고 적극적으로 극복하려는 의지
개방적인 마음	• 다양성을 존중하고 수용하는 자세 • 변화를 수용하고 변화를 발판삼아 발전하려는 마음
타인의 의견과 주장에 대한 관용적인 자세	• 자신의 의견이나 주장과 다르더라도 수용하고 이해하려는 마음 • 다른 사람의 가치에 대한 존중심
객관적인 자세	• 자신의 가치나 관점을 고집하지 않고 다른 사람의 관점이나 중립적인 관점을 지키려는 마음 • 내가 보는 결과와 다른 사람이 보는 결과가 같아야 한다는 마음
정직하고 솔직한 자세	• 거짓이 없는 마음가짐 • 진실에 대한 확신과 현실을 직시하는 마음

② 과학적 지식(scientific knowledge)

과학적 지식은 과학적 연구방법에 의하여 만들어진 것이다. 과학적 지식은 사실, 원리, 개념, 모델, 이론 등의 형태를 가지고 있으며(Carin & Bass, 2001), 개인적인 의문과 호기심에서 형성이 시작된다.

가. 사실(fact): 존재하는 사물이나 현상에 대한 기술(description)을 말한다. "해는 동쪽에서 떠서 서쪽으로 진다" 혹은 "닭은 알을 낳지만 코끼리는 새끼를 낳는다"라는 것은 사실이다. 즉, 실제로 존재하거나 일어난 사건에 대한 기술이며, 과학적인 원리와 법칙에 의하여 근거하였다고 믿게 되면 과학적 사실이 된다. 믿는다는 표현을 사

용한 것은, 비록 직접 체험하지는 않았지만, 과학적인 사실은 객관적이고 외현적인 특성이 있으므로 신뢰성을 확보할 수 있기 때문이다.

나. 원리(principle): 사물이나 현상을 이루거나 발생하게 하는 이치이다. 과학에서 법칙과 비슷한 뜻을 가지고 있지만, 법칙은 엄격한 과학적인 검증과 실험을 통하여 본질을 명확하게 규정한 것이다.

다. 개념(concept): 특정한 사물 및 현상들의 공통성을 뽑아내어 범주화한 지식으로서, 특정한 사실이나 경험에서부터 일반화된 추상적인 아이디어를 지칭하는 것이다.

라. 모델(model): 모델은 사물이나 현상의 외부적 · 내부적 특성을 알기 쉽게 표현한 것으로서, 인간의 내부의 표상이 외부로 표현되면 모델이 된다. 교육뿐 아니라 모든 영역에서 다양하게 사용되고 있으며, 구체적인 것을 추상적으로 나타내어 공통점과 원리를 알 수 있게 해 주는 모델도 있으며, 반대로 추상적인 것을 구체화하고, 복잡한 것을 단순하게 표현하여 사물이나 현상의 원리를 알기 쉽게 해 주는 모델도 있다.

마. 이론(theory): 이론이란 사물이나 현상에 대한 관찰과 탐구의 결과에 대한 일반적인 설명으로서, 현상의 인과관계를 설명하고, 미래를 예측할 수 있는 도구이다.

③ 과학적 기능(scientific skill)

과학적 기능은 과학의 과정(processes of science)에 능동적으로 참여함으로써 체득되는 신체적 · 정신적 기능이다. 과학의 과정은 의문에서 시작하며 답을 구하기 위하여 자기가 알고 있는 과학적 개념, 원리, 이론을 활용하고 구체적으로 탐구행동을 통하여 답을 찾는다.

탐구라는 행동은 구체적으로 사물이나 현상을 관찰하고, 분류하고, 측정하고, 다른 사람과 의견을 나누고, 조작해 보기, 예상해 보기, 실험해 보기, 일반화해 보는 일련의 행동으로 구성되어 있다.

이러한 구체적인 탐구행동을 과학적 기능이라고 한다. 과학적 기능은 과학의 과정에서 필수적으로 일어나는 탐구행동으로 과학적 과정기능(science process skills)이라고도 한다(탐구기능이라고도 한다). 교육적인 측면에서는 과학적 기능은 가르치기보다는 과학적 탐구과정에서 체득되어야 하는 중요한 학습 내용이기도 하다.

유아과학교육에서 과학적 과정기능은 스킬(skill)이라는 용어를 사용하며, 기술이라는 뜻을 가진 테크닉(technique)라는 단어를 잘 사용하지 않는다. 스킬과 테크닉은 유사한 의미이지만 스킬의 의미가 좀 더 광범위하다고 할 수 있다. 테크닉은 구체적이고 명확한 절차적인 기술이며, 스킬은 반복적인 경험과 연습을 통하여, 보다 높은 수준의 테크닉을 활용할 수 있는 마인드를 포함하는 넓은 의미라고 생각하면 적절할 것이다.

예를 들어, 관찰이라는 기능은 오감을 이용하여 사물이나 현상을 분석하는 것이며, 시각을 이용한 현미경이나 돋보기 등을 사용하는 구체적인 기술을 포함하고 있다. 이러한 측면에서 본다면 스킬은 구체적인 기술의 사용은 물론 어떤 상황에서는 어떤 관찰기술을 사용할 것인지, 분류에서 구체적으로 어떤 분류 테크닉을 어디까지 사용할지를 결정하는 조정능력까지도 포함시키는 개념으로 보아야 하는데, 기능이 신체적인 움직임에 한정되지 않고 정신적인 측면이 강조되는 부분이 있기 때문이다.

기능과 기술의 차이

4 유아과학교육 내용의 선정

유치원의 다른 영역들이 그렇듯이, 유아과학교육에는 과학 교과서가 없다. 교과서는 학교교육에서 사용되는 교수-학습의 매개체이며 우리나라는 초·중등 교육에서만 존재한다.

교과서는 교육과정의 프레임과 내용을 직접적으로 반영하고 있으므로 교육과정이 만들어지면, 교사는 교과서를 재구성하거나 혹은 그대로 사용하여 교수-학습의 실제를 수행하게 된다. 교사의 입장에서 본다면, 가르쳐야 할 내용의 준거들이 수록되어 있는 것이다.

유치원도 국가수준 교육과정이 있으며, 과학영역은 교육과정에 탐구생활 영역으로 내용과 지도지침이 제시되어 있으므로, 교과서가 없다고 하더라도 교육내용을 선정하기에는 어려움이 없다. 교과서가 없다는 점은 오히려 그만큼 교사의 재량과 창의성을 많이 반영할 수 있는 장점이 된다.

(1) 유아의 일상과 자연환경이 과학 교과서이다

유아과학교육의 내용을 어디에서 선정해야 하는지를 결정해야 한다면 그것은 당연히 유아들의 일상에서이다. 앞서 언급한 동물원에 간 유아의 관심사를 보았을 때, 유아는 어른이 간과하고 있는 우리의 수많은 일상의 극히 미미한 소재에서 그들의 흥미를 쉽게 발견한다.

유치원 교사들은 어떤 것을 유아과학수업에 등장시킬 것인가에 대하여 지나치게 머리를 싸매고 고민할 필요가 없다.

유아를 둘러싼 일상의 세계에서 찾으면 되는 것이다. 만약 유아과학교육의 명칭을 다르게 불러야 한다면 그것은 유아의 일상이 될 것이다.

어른들이 무심코 지나치는 집 근처의 나무와 동물들, 종이가 바스락거리는 소리, 방 안을 기어가는 조그만 벌레, 주전자에서 솟아오르는 연기, 체인에 연결되어 돌아가는 자전거 바퀴들이 모두 유아들에게는 유의미한 과학교재이며 호기심의 대상이다. 이러한 작고 사소한 사물과 현상, 경험들이 모두 유아의 과학교육 내용이 될 수 있다.

(2) 유아들의 사전지식과 흥미를 고려한 활동의 선정

유아과학교육의 내용선정에 있어서, 유아들의 개별적인 발달수준과 흥미를 고려해야 한다. 유아들은 다양한 가정적인 배경을 가지고 있으며 그만큼 다양한 수준의 사전지식을 가지고 있기 때문에, 교사들은 그러한 점을 고려하여 유아들의 발달수준과 사전지식의 파악을 토대로 활동의 내용들을 선정하고 운영해야 한다.

(3) 내용의 다양성과 균형성의 조화

유아들에 의미 있는 수많은 과학의 내용들은 그 양이 매우 방대하다. 그리고 영역에 따라 내용의 연관성이 전혀 없는 부분도 있으며, 교사들이 활동을 유아들에게 적절하게 재구성하기 어려운 부분도 있다. 예를 들어, 화학은 물질의 성질변화에 관한 부분이 많으므로 활동내용을 선정하기가 쉽지 않다. 운영의 측면에서 본다면 화학영역은 교사가 운영하기에 어려움이 많은 부분이므로 배제할 수도 있다.

유아를 대상으로 하는 교육내용이라고 해서 어렵거나 복잡한 활동이 배제되어서는 안 되며, 창의적인 재구성을 통하여 실행될 수 있도록 해야하며, 어느 한 영역에 활동내용이 편중되어서는 안 될 것이다.

자연은 중요한 과학교과서이다

5 유아과학교육 내용의 선정기준

유아과학교육의 내용은 교육과정에서 기본적인 아우트라인(out line)이 제시되어 있다. 그러나 전국에 산재한 유치원들은 환경이 다르며 학급별로도 다양한 환경을 가진 유아들과 교사들이 있다.

따라서 교사는 학급환경을 적절히 분석해서 수업주제를 선정해야 한다. 중요한 것은 유아과학교육의 목표가 과학적 소양의 양성이므로 우리가 흔히 과학이라고 알고 있는 실험실에서의 활동만을 떠올려서는 안 될 것이다. 유아들의 일상에서 친근한 제재를 선정해야 하며, 교사와 아동이 실행할 수 있는 현실적인 활동들을 선정해야 한다.

① 유아의 직접적인 경험이 가능한 활동을 우선으로 선정해야 한다. 유아들이 활동함으로써, 특정한 변화의 모습들을 확인할 수 있고, 동시에 그러한 변화를 여러 가지 조작을 통하여 주도했다는 것을 스스로 느낄 수 있는 과제들이 필요하다. 즉, 가능하면 해당 수업 시간에 유아들의 활동으로 상태의 변화나 결과가 도출될 수 있는 활동들을 선정해야 한다.

② 유아들의 발달수준을 고려해야 하며, 특히 유아들이 해당 활동이나 과제에 대한 사전지식이 어느 정도인지를 미리 파악하고 그러한 점을 고려한 활동들을 선정해야 한다. 즉, 발달 수준에 적합한 활동을 선정해야 한다.

③ 유아들이 활동을 스스로 선택할 수 있는 활동들을 선정해야 한다. 유아들의 흥미를 고려하여 여러 가지 활동들 중에서 유아들의 선택할 수 있도록 활동들을 사전에 다양하게 준비해 놓을 수 있다면, 선택의 폭이 넓어짐은 물론이며 학습 동기 또한 커지게 된다.

④ 소집단 활동을 활발하게 할 수 있는 활동들을 선정해야 한다. 유치원 교실은 놀이터이기도 하고 학습장이기도 하다. 개별적인 유아의 활동도 필요하지만 다른 유아들과 어울려 활발한 의사소통의 기회를 많이 가질 수 있어야 한다. 소집단 활동은 유아들에게 의사소통의 기회를 제공할 수 있다.

6 유아과학교육의 어려움

대학에서 유아교육을 전공하고 있는 예비교사나 현장의 유치원 교사 모두 과학은 어렵다고 말한다. 실제로 유치원에 따라서 외부의 과학교육 전문 업체에 의뢰하여 수업을 진행하기도 한다.

유치원 교사들에게 과학수업이 어려운 이유는 무엇일까? 과학에 대한 편견이나 선입견이 교사들의 과학수업에 대한 부정적인 인식에 영향을 주고 있는 것은 사실이다.

과학이라는 영역이 유아들의 사고능력발달에 많은 영향을 미친다는 것을 알면서도 교사들은 섣불리 과학수업을 선호한다고 말하지 못한다. 그 이유를 분석하면 여러 가지 원인이 존재하겠지만 가장 큰 원인은 교사 자신에게 있다.

정경원(2004)은 과학교육의 문제점을 과학교육에 대한 교사의 전문적 지식의 부족, 교사들의 과학에 대한 부정적인 태도 그리고 기타 문제점으로 대학에서의 이론 위주의 수업과 과학수업을 지원하기 위한 인적·물적 인프라의 미비 등으로 지적하였다.

(1) 교사의 과학지식 부족은 내용 재구성을 어렵게 한다

교사들의 과학지식의 유무는 수업진행과 밀접한 관련이 있다. 물론 많이, 깊이 안다는 것과 잘 가르친다는 것이 동일하다고는 할 수 없으나 유아들의 발달수준을 고려한 수업내용의 선정과 재구성이라는 측면에서 본다면 교사가 풍부한 과학지식을 가지고 있어야 함은 당연하다. 교사의 과학지식은 과학교육의 효과적인 수행을 위하여 가장 중요한 요소이다.

교사의 과학지식이 부족하면 가장 우선적으로 직면하게 되는 것이 가르칠 내용의 재구성이 불가능하다는 것이다.

재구성이 불가능하다는 의미는 유아들의 발달수준에 맞춘 내용을 선정했어도 유아들이 그것을 쉽게 이해할 수 있도록 내용의 난이도를 조정할 수 없으며, 유아들의 발달수준에 적합한 형태의 수업자료들을 구성할 수 없다는 것이다.

즉, 수업내용이 완전히 파악되지 않으면 교사나 학생 양쪽에게 모두 불편한 일이 된다. 교사는 충분한 과학적 지식을 가지고 있어야만 학생들의 수준에 맞게 가르칠 내용을 재구성할 수 있다.

대학교육에서 과학지식보다는 교수법과 프로그램을 중심으로 교육이 진행되므로 교사들은 과학지식을 스스로 습득해야 할 필요가 있다. 이것은 교사들이 과학지식의 관심과도 밀접한 관련이 있다.

유치원 교사로서 과학수업을 진행해야 한다면 적어도 상식수준 이상의 과학지식을 접하려는 개인적인 노력이 있어야 한다.

현대과학은 모든 사람을 위한 과학을 지향하고 있으며, 대중들이 과학지식을 쉽게 이해할 수 있도록 과학자들과 출판사들이 노력하고 있으므로 유치원 교사들이 자신의 과학지식을 좀 더 심화시키려는 의지만 있다면 충분히 목적을 달성할 수 있도록 사회적인 환경은 조성되어 있다.

유치원 교사들이 과학적 지식이 부족할 수 있다는 또 하나의 근거는 우리나라의 유치원 교사들이 대부분 여성이라는 것이다. 진혜령(2006)에 의하면 우리나라 이공계열의 여학생 수는 20%에 미치지 못하며, 여학생들이 과학에 대한 긍정적인 태도와 과학에 대한 흥미, 성취도가 남학생에 비하여 낮은 것으로 나타났다고 하였는데, 남녀 간의 차이라고 하기보다는 성차에 의한 직업 선호도의 분리와 편견 때문이다.

대체적으로 여학생들은 과학에 흥미를 가지거나 그와 관련된 진로를 선택함에 있어서 남학생에 비해 적극적으로 지지받거나 격려 받지 못하는 경향이 있다.

이러한 사회적인 측면이 여학생들이 과학에 대한 긍정적인 태도와 관심을 이끌어내지 못했다고 할 수 있다.

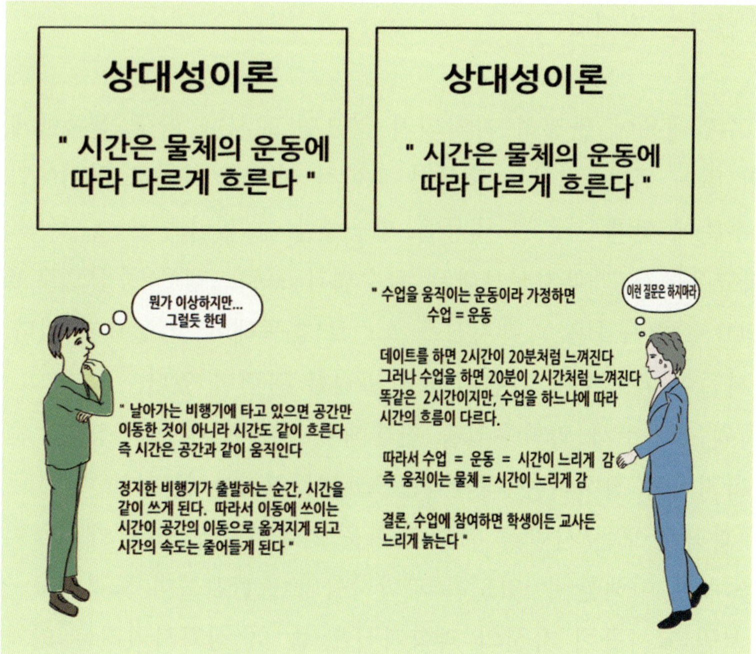

충분히 알아야 쉽게 가르칠 수 있다

(2) 과학교수 - 학습방법에 관한 지식이 부족하다

인류의 역사에 학교라는 집단교육체제가 등장한 이후 어떻게 가르치는 것이 가장 효과적인가 하는 문제에 대하여 수많은 해결방법이 등장하였고, 수많은 교사들이 이를 고민하였다. 그러나 지금도 어떻게 가르치는 것이 가장 효과적인가? 라는 물음에 정답은 없다.

교사들은 대학에서 그리고 현장에서 영역별 학습방법에 대한 많은 연수와 교육을 받는다. 과거의 과학교육처럼 과학지식을 교사들이 전달하고 학생들이 외우는 전통적인 교수방법을 대체하기 위하여 수많은 교수방법이 개발되고 있고, 교수－학습의 기술적 수준을 비약적으로 높일 수가 있었다.

교수－학습방법은 학습내용, 학습자의 특성, 학습의 물리적 환경을 고려하여 연구되고 적용되어야 하며, 가장 중요한 것은 교사의 창의적인 활용능력과 개발능력이 수반되어야 한다.

대학교육과정에서 교재연구법은 물론 교육학 과목을 통하여 학생들의 심리와 교수－학습방법론을 배우고 있지만, 구체적인 교육방법의 다양함에 눈을 돌리고 있지 않다. 특히 초 · 중등시절에 경험하였던 과학수업의 형태에서 크게 탈피하지 못하고, 혹은 초등학교 학급을 대상으로 적용한 교수－학습방법을 사용하기도 한다.

유치원과 초등학교는 연계성이 필요한 교육기관이지만 각자의 독특성을 살려야 할 필요가 있다. 유치원에는 유치원 특유의 독자적인 교수－학습방법이 필요하며, 교사들의 축적된 경험을 통하여 유치원의 독자성을 가진 교수－학습방법을 개발해야 한다.

또 과학수업의 경우 학생들의 실제적인 활동이 선행되어야 한다는 것은 누구나 잘 알고 있는 사실이다. 그러나 대학의 유아교육과에서 예비교사들이 그러한 활동의 전개를 할 수 있는 시설이나 실험실 등이 구비되어 있지 않으며 교과서와 동영상, 사진 등으로 과학수업이 이루어지기 때문에 예비교사들이 유치원에서 실시할 수업과는 거리가 있다.

이는 대단히 모순적인 현상이다. 유아들은 과학을 체험하고 실험으로 배우는데 유아과학교육을 담당할 교사들은 대학교육과정에서 매우 빈약한 실습과 활동을 통해서 유아과학교육에 대하여 공부하고 있는 것이다.

(3) 과학과 과학교육에 대한 편견과 오해

유아과학교육에 관하여 여러 가지의 오해와 편견 그리고 선입견이 존재한다. 특히 유치원 교사들이 느끼는 과학에 대한 관점은 매우 어렵다는 것이며 과학교육의 목표에 이해가 다소 부족하다.

이 두 가지 요소는 서로 밀접한 관련이 있는데, 과학이 유아의 일상과 거리가 있는 어렵고 무엇인가 특수한 활동이라고 생각하게 되면 학급의 과학시간이 부담으로 느껴질 것이며 동시에 학습목표설정 역시 어렵게 된다. 교사에게 부담 없고 유아들에게 즐거운 과학수업을 위하여 과학과 과학교육에 대한 편견들을 먼저 없애야 할 필요가 있다.

① 과학교육은 고도의 전문적인 훈련을 받은 사람이 담당해야 한다

많은 학생들에게 과학자에 관한 이미지가 어떠한가? 라는 질문을 하면 보통 하얀 가운을 걸치고 실험실에서 복잡한 기구를 만지거나 현미경을 들여다보고 있는 사람을 떠올린다. 과학자는 특수한 교육을 받고 전문적인 훈련을 거친 사람들이라는 인식이 강하며, 일반인들이 접하기 어려운 지식들을 만들거나 연구하는 사람들이라고 생각하고 있다. 따라서 교사가 과학을 담당하기에는 너무 어렵다 라는 생각을 많이 하고 있는 것 같다.

어떤 분야에서 잘하는 사람이 잘 가르치기도 할까? 뛰어난 재능을 가지고 한 분야의 정상에 있던 사람이라면 잘 가르칠 수 있을 것이라고 생각되지만 반드시 그런 것은 아니다. 올림픽 금메달리스트가 잘 가르칠 수도 있지만, 올림픽에 출전해 보지 않은 사람이 올림픽 금메달리스트를 만들어내는 것을 우리는 무수히 목격하였다. 여러 분야에서의 사례가 그것들을 증명해 주고 있다.

유치원 교사는 과학적 지식의 습득도 중요하지만, 과학적 지식을 유아들의 발달수준에 맞게 적절하게 재구성하고, 유아들을 탐구의 세계로 자연스럽게 이끌어 가는 능력이 더욱 중요하다. 그것이 또한 교사의 전문성이기도 하다.

교육은 미래를 지향하는 행동이다. 교육의 효과는 교육이 끝난 후 즉각적으로 확인할 수 없다. 현재의 노력들이 장기간 누적되어 미래를 만들어 가는 것이다. 유치원 교사들은 유아의 잠재적인 능력을 확신하고 자신의 지도 능력에 자신감을 가져야 할 것이다.

가능성을 키워주는 교사

여러분은 마이크 타이슨이라는 미국의 복싱선수를 알고 있는가? 그는 1990년대 최고의 헤비급 복싱선수였다. 헤비급 복서치고는 작은 체구와 불우한 어린 시절을 보냈던, 그를 지도한 코치는 커스 다마토라는 사람이었는데, 커스 다마토는 복싱선수이기는 했지만, 한번도 제대로 된 메이저급 경기를 해본 적이 없었고, 한쪽 눈의 시력마저 거의 상실한 사람이었다. 그러나 그의 지도하에 복싱을 배운 마이크 타이슨은 챔피언이 되었다.

커스 타마토는 챔피언은 아니었지만, 챔피언을 길러낼 수 있는 사람이었다. 그는 타이슨과 두 명의 복싱 헤비급 챔피언을 더 길러냈다. 커스 다마토는 인간의 잠재적 재능을 발견하고 그것을 끌어내는 데 탁월한 능력을 가지고 있었다. 다른 분야에서도 그런 예는 무수히 많다.

아래의 글은 커스 다마토의 묘비에 새겨진 글이다. 유치원 교사뿐 아니라 자신의 능력을 의심하고 있는 모든 교사에게 많은 의미가 있다고 생각된다.

"한 소년이 불씨와도 같은 재능을 갖고 내게로 왔다.
내가 그 불씨에 불을 지피자 불길이 일기 시작해
아름다운 불꽃이 되었다.
이것이 누군가의 인생을 변화시킬 수 있는
우리의 위대한 힘이 아니겠는가."

-커스 다마토의 묘비에서-

② 과학교육은 잘 구비된 실험도구와 장비가 있어야 한다

우리가 과학자라면 떠올리는 이미지가 가운을 입고 시험관을 손에든 사람이듯이 과학수업하면 교사의 가이드에 따라 여러 가지 실험도구를 진지하게 다루고 있는 학생들을 떠올린다.

초·중·고교에서 과학수업을 받았던 사람들이라면 비커나 시험관 알코올램프부터 여러 가지 실험도구가 갖춰진 과학실험실을 기억하고 있을 것이다. 따라서 예비유치원 교사들이나 현장의 유치원 교사들 역시 과학수업이라고 복잡한 장비나 실험도구들이 필요할 것이라고 생각하는 경우가 많다.

유아과학교육은 유아들의 일상에서 시작된다. 일상의 물건이 곧 과학 수업의 제재가 되므로 초중등교육과 같은 실험도구가 굳이 필요하지는 않다.

유아들 주변의 수많은 일상의 물건들이 실험장비가 될 수 있으므로, 진정으로 필요한 것은 유치원 교사들의 의지와 창의적인 활용능력이 필요하다.

③ 과학교육은 실험을 강조하기 때문에 유아들에게 위험할 수 있다

유아의 과학에 대한 또 다른 오해는 과학 활동 자체가 유아들에게 위험할 수도 있다는 오해가 있다. 그것 역시 유아의 과학 활동이 일상의 놀이나 활동에 근거하고 있다고 생각하기보다는 과학을 떠올리면, 실험실에서 어떤 복잡한 화학물이나 위험물질을 다루는 과학자들의 모습이 겹쳐진 것이 아닌가 생각된다.

유아과학교육은 실험을 강조하는 것이 아니고 유아들이 가지고 있는 선천적인 호기심과 사물과 현상에 대한 적극적인 탐색활동을 장려하는 것을 강조하는 것이다. 과학수업에 실험이 필수적인 것은 아니지만 과학교육을 위해 필요할 수도 있는 활동의 한 부분이므로, 안전한 실험계획의 수립과 실행은 교사의 치밀한 사전준비에 달려 있다.

유아기의 아동에게 진정으로 의미 있는 과학교육은 적극적이고 자발적인 탐색활동을 통한 개념의 획득과 변화이다. 특정한 학습을 통하여 유아들이 개념을 획득하고 발달시키기 위하여 교사의 의도적인 노력도 필요하지만, 유아가 스스로 사고전략을 개발하는 것이 더욱 효과적이며, 그러한 자발적인 노력은 유아의 삶에 큰 영향을 주게 될 것이다.

글쓰기 연습을 겸한 요약 및 복습 2

기술과 서술의 차이점	
서술	기술보다 넓은 의미로 어떤 사실에 대한 특징을 순서대로(시간적, 인과적) 적어나가는 것. 글쓴이의 주관적 관점이 논리에 따라 드러나야 한다.
기술	어떤 대상에 내용이나 특징들을 열거하여 쓰는 것을 말한다. 글쓴이의 주관적 관점은 배제된다.

1. 기술 및 서술과제

과제 1	"교사의 과학지식 부족은 내용의 재구성을 어렵게 한다"라는 말을 해석해 봅시다.
과제 2	"잘하는 사람이 잘 가르칠 수 있다"라는 말에 대하여 자신의 의견을 서술해 봅시다.

2. 키워드를 따라가는 학습

다음 키워드의 뜻이나 정의를 써 보거나 설명해 봅시다.

유아의 과학자적 특성	
과학지식의 종류	
기능과 기술	

CHAPTER 3

유아과학교육의 목표

교육목표는 왜, 무엇 때문에 그 과목을 배우는가라는 말로 설명할 수 있을 것이다. 유아들에게 과학교육을 통한 도달점을 선정하는 것이다. 유아과학교육의 목표에 관하여 우리는 그동안 과학교육의 교과서나 대학의 과학교재에서 설명하는 대표적인 내용을 알고 있다. 그것은 미국의 과학교육개혁에 관한 것이다.

미국은 1957년의 '스푸트니크 쇼크(Sputnik shock)'를 통하여 전반적인 과학기술 수준이 소련에게 뒤지고 있음을 알게 되고 엄청난 충격을 받는다. 이에 과학교육의 과정과 내용은 이전의 실용주의 영향을 벗어나, 우수한 과학자의 양성을 목표로 과학교육과정을 학문 중심주의 교육과정으로 변화하게 되었다.

Russians Win Race To Launch Earth Satellite

제2차 세계대전 후 연합군에서 경쟁상대가 된 미국과 소련은 국가의 자존심을 걸고 인공위성개발에 몰두하지만, 소련이 먼저 스푸트니크호를 발사함으로써 미국은 엄청난 충격을 받게 됩니다.

"우리는 유럽을 두 번이나 구했다" 라는 말로 자부심과 우월감에 도취했던 미국은 스푸트니크 쇼크 이후, 즉시 군사제도에서 교육제도까지 개혁을 시작합니다.

스푸트니크 쇼크

물론 단순히 스푸트니크 쇼크만으로 과학교육과정이 변한 것은 아니다. 그동안 과학 기술의 폭발적인 증가로 인해 학교에서 가르칠 내용의 선정이 중요한 이슈로 대두되었고, 그 중에서 전이가 쉬운 핵심적인 지식의 선정도 학문중심교육과정을 전환한 중요한 이유이다.

학문중심주의 교육과정은 1970년대까지 지속되었으며, 그 효과는 오늘날 미국이 세계최대의 강대국이 되는 토대가 되었다. 그러나 1980년대 초, 미국의 과학교육과정은 "모든 사람들을 위한 과학교육"으로 변화한다.

그 이유는 학문중심교육과정의 난이도에 있었다. 학문중심의 교육과정은 우수한 학생들에게는 효과가 있었지만, 대부분의 일반 학생들에게는 너무나 어려운 과정이었고, 학생들에게 과학은 어렵고 재미없는 과목으로 인식되었다. 지식의 구조를 이해하고 전이를 촉진하는 것은 교사에게도 쉽지 않은 일이며, 나선형 교육과정의 설계는 같은 내용이 반복되면서 점차 심화되는 것이 특징인데, 학년이 높아질수록 어려워져서 학생들이 수학이나 과학을 외면하는 결과를 낳았다.

이러한 추세는 곧바로 미국 학생들의 과학과목의 성취도 수준이 낮아지는 결과를 가져오게 된다.

학문중심의 교육과정은 우리나라도 직접적인 영향을 받았고 2차, 3차, 4차 교육과정에도 직접적인 영향을 끼치게 되었다.

이후 미국은 과학 엘리트중심의 교육에서 "모든 사람들을 위한 과학교육"으로의 방향 전환을 모색하게 되고, 1985년에 '프로젝트 2061'을 발표하여 과학적 소양을 강조한 새로운 방향으로 나아가고 있다.

영국 역시 1988년 STS(Science, Technology, and Society) 교육철학을 도입하여, 과학과 기술을 핵심교과와 기초교과에 포함한 국가교육과정에 도입함으로써 사회 속의 과학과 기술 운동을 전개하고 있다.

일본도 2002년부터 과학적 소양인 양성과 STS 영향을 받은 교육과정을 운영하고 있다. 이처럼 대부분의 국가에서 과학교육과정은 예비 과학자 양성을 위한 현재의 지식을 교육하기보다는, 미래의 삶을 위한 대비한 과학적 소양을 지양하고자 함을 목적으로 하고 있으며 그에 관련된 내용들로 구성되어 있다.

이처럼 세계과학교육이 과학적 소양을 갖춘 시민의 양성을 목표로 진행되고 있으며, 우리나라 역시 다르지 않다. 우리나라의 교육과정이 미국의 교육과정의 변화 추세를 거의 그대로 수용하고 있는 것을 생각하면, 우리나라 과학교육의 목표 또한 과학적 소양의 함양이라는 범위에서 벗어나지 않고 있으며 과학적 소양(scientific literacy)을 갖춘 민주시민의 양성이 과학교육의 목표이다.

그러나 과학적 소양이라는 말은 대단히 모호하다. 과학지식인지, 과학적 사고방법을 말하는 것인지, 정확한 정의를 내리기가 매우 어렵다.

일반적으로 교육의 목표가 매우 포괄적으로 기술되고 있으므로 교육목표에 상응하는 교육방법을 찾으려면 목표의 정확한 인식이 필요하다.

1 과학적 소양

과학적 소양(scientific literacy)은 그 의미가 분명하지 않아서 많은 학자들이 합의된 정의를 내리기 위하여 노력하였다. 과학적 소양은 과학지식에 대한 소양함양이 전부가 아니다. 과학적 소양에 포함된 다양한 의미들은 지적인 능력, 일상생활과의 연관된 요소들을 포함하고 있다.

(1) 과학적 소양(Scientific Literacy)의 정의

Literacy는 '교양이 있다'는 뜻 외에도 읽고 쓰는 능력(문해능력)이란 뜻으로도 해석되는데 과학적 소양과 읽고 쓰는 능력이라는 것은 어떤 관련이 있는지 생각해 보자.

읽는다는 것은 단순히 스스로 글을 읽을 수 있다는 것에서 그치는 것이 아니며 다른 사람이 쓴 글의 내용도 이해할 수 있다(해석할 수 있다)는 것이다.

또, 무엇인가를 쓴다는 것은 나의 생각을 표현하고 전달한다는 것이다. 그래서 쓴다는 것은 타인이 나의 생각을 이해할 수 있도록 쓸 수 있다는 전제가 된다. 따라서 literacy는 단순히 글을 읽고 쓰는 능력만이 아니라 지식의 습득(학습)과 그것을 공유할 수 있다는 상호작용의 의미(사회적)를 가지고 있다.

즉, 과학적 소양이라는 것은 "해석을 통한 사물과 현상의 이해와 그에 따른 문제의 해결과 그 방법적인 측면에서 의사소통을 통한 사회적 상호작용의 사용이 가능한"이라는 측면이 분명히 들어 있다고 할 수 있다.

이것은 과학적 지식의 습득, 이해 그리고 그 지식을 사회적으로 활용하는 것과 밀접한 연관이 있음을 알 수 있으며, 그러한 과학지식을 사회를 이해하고 분석하는 것에 활용할 줄 아는 능력임을 알 수 있다.

다음 표 3-1은 미국 과학교육표준(A framework for k-12 science Education)에서 제시한 과학교육의 목표인데, 보다 구체적으로 과학적 소양이 무엇인가를 짐작할 수 있다.

1. 과학의 아름다움과 경이에 대하여 감상할 수 있다.
2. 공적 논쟁에 참여할 수 있는 과학과 공학에 대한 지식을 갖춘다.
3. 일상생활과 관련된 과학기술 정보에 대한 사려 깊은 소비자가 된다.

4. 학교 밖에서도 과학에 대한 학습을 지속적으로 진행할 수 있다.
5. 자신이 선택하는 직업진로에 입문하기 위한 기술을 갖춘다.

〈표 3-1〉 유아과학교육 목표의 해석

과학의 아름다움과 경이에 대한 이해	자연과 인간을 둘러싸고 있는 과학적 원리에 대한 호기심과 이해능력
공적인 논쟁에 참여할 수 있는 과학 및 공학지식의 함양	상식적인 수준의 과학 및 공학지식과 과학적 문제에 대한 의견이나 해결방안을 제시할 수 있는 능력
신중하고 사려 깊은 소비자가 된다	과학지식을 이용하여 일상에서의 문제해결과 합리적인 선택을 할 수 있는 능력
학교 밖에서의 지속적인 학습	학습방법의 습득을 통한 자발적인 학습능력의 양성과 이를 활용한 사회에서의 학습능력개발과 학습의 실천
직업진로에 입문을 위한 기술의 습득	직업을 위한 구체적이고 실용적인 기술의 습득과 활용

앞서 살펴보았듯이

첫째, 과학적 소양은 과학적 지식만을 일컫는 것이 아니며, 과학적 지식의 습득은 과학적 소양의 일부분이거나 혹은 과학적 소양을 함양하기 위한 중간단계라는 것을 알 수 있다.

둘째, 실생활에서 실제로 활용된다는 것을 알 수 있다. 합리적인 소비나 학교 밖에서의 학습, 직업이라는 측면이 언급된다는 것에서 상당히 실용적인 개념이라는 것을 알 수 있다.

셋째, 인간으로서 과학교육을 통하여 적절한 수준의 합리성을 함양하여 사회에 적응하고 구성원들 간의 원할한 의사소통능력의 육성을 지향하고 있음을 알 수 있다.

결론적으로 과학적 소양을 가진 사람은 과학의 기본적인 지식을 이해해야 하며, 이해한 지식을 사회에서 활용할 수 있어야 하며, 과학과 관련된 사회문제를 이해하고 문제해결을 위하여 참여적이고 실천적인 성향을 가진다고 할 수 있다.

“5세에서 16세의 과학교육과정은 일반적인 과학적인 소양의 함양을 촉진할 수 있도록 구성되어야 한다”(Miller & Osborne, 1999; Beyond 2000: Science Education for Future)라는 주장은 현대과학교육의 목표가 지향해야 할 방향을 보여주고 있다.

현대과학교육의 목적이 과학적 소양의 함양에 초점을 맞추고 있다는 것은 교사나 학자들이 모두 동의하고 있으며, 이는 과학교육의 목표설정이 개념의 습득, 문제해결능력이나 학습능력의 함양으로부터 실생활에 적용할 수 있는 능력에 기반하여 민주주의 사회구성원의 역할을 해낼 수 있는 개인의 육성이라는 방향성을 제시하고 있다.

OECD(1999)는 “우리 주위의 자연과 인간 활동에 의한 자연의 변화에 대해 이해하고 결정을 내리는 데 도움을 주기 위하여 과학적 지식을 활용하고 문제를 인식하며 증거를 바탕으로 결론을 내리는 능력”이라고 정의하였다.

이러한 견해는 과학교육의 목표가 단순히 개인적인 능력의 함양에서 벗어나서, 보다 다차원적이고, 실용적이며, 사회적인 역할을 수행할 수 있는 개인을 육성하려는 관점에서 설정되고 있다는 것을 의미한다.

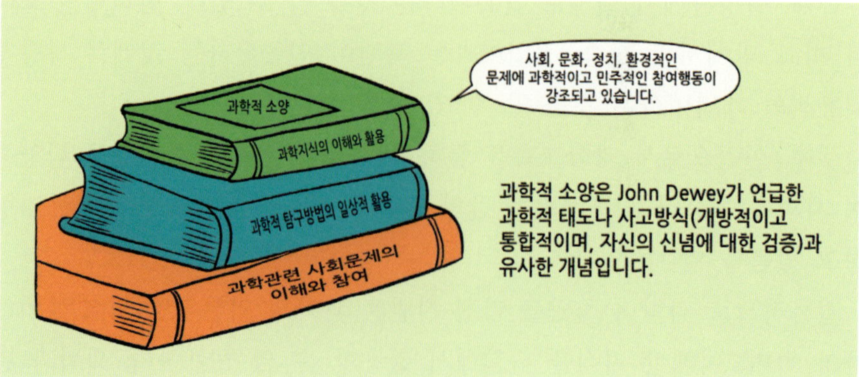

과학적 소양

결론적으로 과학적 소양은 자연과 그 원리를 합리적·논리적으로 이해하고 그러한 이해능력을 바탕으로 원활하고 실용적인 일상생활을 해나갈 수 있는 능력이라고 할 수 있다.

2 과학적 소양의 육성이 필요한 이유

과학적 소양은 단순히 과학이라는 과목이나 학문의 영역을 벗어나 인간의 삶의 방식에 영향을 미친다. 현대과학은 대부분의 사람들에게 복잡하고 어려운 과학지식을 배우는 과목이 아닌 현대사회를 살아가는 기본적인 능력으로서 인식되고 있다. 따라서 과학교육은 어떻게 하면 다른 사람들과 어울려 합리적으로 행복한 삶을 누릴 것인가에 대한 방법론을 가르치는 것이다.

(1) 과학적인 사고와 행동양식에 따른 의사결정은 삶의 질을 높일 수 있다

복잡한 현대사회는 개인의 의사결정에 수많은 요인들이 관련되어 오히려 그릇된 의사결정을 하도록 하는 경우가 많다. 경제적인 측면을 예로 들어보면, 소득과 소비는 적절한 균형이 이루어져야 한다. 균형이 무너지면 현대사회에서는 상당한 어려움을 겪게 된다. 우리가 가장 널리 사용하고 있는 신용카드는 항상 합리적인 소비를 전제로 한다. 합리적인 소비는 개인의 소득과 소비에 관한 정보를 분석하고 어떻게 소비할 것인가를 결정하는 의사결정능력이 중요하다. 이것은 개인뿐 아니라 기업에서도, 합리적인 의사결정은 기업의 생존과 경제적 이익의 창출에 결정적인 역할을 한다.

우리가 살아가면서 직면하는 복잡하고 다양한 문제들 역시, 개인이 정보를 선택하고 분석하고 적절한 해결방법을 선택함으로써 극복되는 것이다. 이러한 능력들은 과학교육을 통하여 이루어질 수 있다.

(2) 과학지식을 실제와 관련하여 이해함으로써 과학기술의 발달을 가속화 할 수 있다

과학교육 목표에 과학적 소양이 등장하게 된 것은 과학기술에 대한 의존도가 나날이 높아가고 더욱 복잡해지는 현대사회의 일상을 제대로 영위하기 위해서이다.

인터넷과 휴대폰만큼 짧은 시간 동안에 인간의 삶에 많은 영향을 미친 물건은 찾아보기 힘들 것이다. 인터넷과 휴대폰은 최초의 등장 이후 그 기능은 날로 발전하고 있으며, 사람들의 생활방식을 급격히 변화시키고 있고, 그에 따라 사용자들의 수많은 관심과 요구를 빠르게 반영하는 기술의 발달로 연결된 것이다. 빠르게 발전하는 과학기술을 외면한다면 일상생활에 불편함을 느끼는 시대가 된 것이다. 동시에 인간과 인간의 상호작용만으로는 도저히 해결할 수 없고, 과학기술의 도움을 받아야만 해결되는 복잡하고 난이도 높은 사회 문제들이 점점 늘어나고 있으므로 과학적인 사고방법과 행동 양식을 익히지 못하면 빠르게 변화하는 현대사회에 적응하기가 어렵게 되었다.

모든 사람들을 위한 과학교육은, 과학을 재미있고 흥미 있게 만들어 오히려 과학에 대한 일반 사람들의 관심을 높일 수 있다.

특히 개인의 삶에 과학기술이 미치는 영향을 이해하게 된다면 과학과 새로운 과학기술에 대한 요구가 높아지게 되고, 이에 대응하여 새로운 과학기술의 개발도 이루어지게 된다.

(3) 이성적이고 합리적인 판단능력의 함양은 민주적 시민으로서의 역할을 수행하게 한다

시민(citizen)이란 고대 아테네에서 등장한 용어이다. 그 당시에는 공간적으로 시내에서 살며, 재산을 가지고, 정치적인 결정에 참여하는 사람들이라는 뜻으로 쓰였지만, 현대사회에서는 공동체의 결정에 능동적인 주체로서 참여하고, 불합리한 관습에 문제를 제기할 수 있으며, 준법정신과 도덕성을 함양하여 사회를 이끌어가는 사람이며, 자유와 합리성, 권리와 의무라는 가치들을 잘 이해하고 균형 잡힌 사고를 할 수 있으며, 의사소통에 근거하여 서로의 다양성과 가치를 인정하고 초자연적 사고에 대한 의존과 편견을 지양하는 사람이라고 정의할 수 있다.

이러한 자질의 함양은, 인간이 사회를 이루고 같이 살아가는 한, 모든 교육의 궁극적인 목표이다.

과학적 소양은 이러한 시민양성에 있어서 핵심적인 부분이다. 이성적이고 합리적인 사고방법은 자제와 조절과 배려, 양심과 정의에 대한 신뢰를 형성하여 민주주의적 의식을 갖추게 하고, 사람들이 과학적인 사고와 행동양식으로 정치적인 결정이나 갈등을 해결하게 한다.

어느 한순간에 특정 과목을 공부하고 그러한 자질들을 기억한다고 해서 시민으로서의 자질을 기를 수는 없다. 삶을 통하여 직접 체험하고, 느끼고, 자신을 성찰하는 진지한 탐구적인 과정을 반복하며 함양된다.

3 우리나라 유치원 교육과정의 탐구영역의 내용과 목표

우리나라의 영유아교육체제는 유치원과 어린이집으로 이원화되어 있으며, 교육과정 또한 그러했으나 누리교육과정이 국가수준교육과정으로 수립되면서 통합교육과정으로서 방향을 잡아가고 있다.

유치원 교육은 교과서가 없으므로 교육과정을 기준으로 하여 지역별로 유치원별로 교사들의 창의적인 재구성능력이 요구되고 있다.

누리교육과정은 2011년 국가공통과정으로서 수립된 이후 여러 차례의 변화를 거쳐 2020년 개정을 앞두고 있다. 누리교육과정에서 유아과학교육과 연관되어 있는 자연 탐구영역은 일상에서의 자연스럽고 즐거운 탐구의 과정을 유아들이 즐기는 것을 강조하고 있으며, 그것을 위한 기초능력 기르기를 강조하고 있다.

유아들의 탐구에 대한 교사의 조력과 가이드를 강조하고 유아들이 자연과 생명에 대한 관심과 경외심 그리고 사람과 자연의 상생을 강조하고 있는 것이 특징이다.

사실 유아의 일상을 굳이 영역별로 나눌 필요가 없는 것처럼 교육과정을 영역별로 뚜렷하게 구분한다는 것은 크게 의미가 없을 수도 있다. 유아과학교육은 단순히 사물과 현상의 탐구를 통하여 탐구기능과 기술을 익히는 것이 목적이 아니고 그것을 통하여 과학적 소양을 갖추는 것이 궁극적인 목적이며 일상에서 직면하는 문제해결을 위하여 이성적이고 합리적인 태도를 함양하여 민주적 시민의식을 갖추도록 하는 것이 더 중요하기 때문이다.

(1) 제7차 유아교육과정

제7차 유아교육과정에서 탐구생활영역의 목표는 “자연을 존중하고, 창의적으로 탐구하며 논리적으로 문제를 해결하기 위한 기초소양을 기른다”라고 명시하고 있으며, 구체적으로 첫째, 일상의 사물과 자연현상에 대해 호기심을 가지고 지속적으로 탐구하는 능력 기르기, 둘째, 일상의 사물과 자연현상에 대한 기초지식을 이행하고 탐구하는 능력을 기르기, 셋째, 일상의 문제를 논리, 수학적으로 해결하기 위한 기초 기르기를 강조하고 있다.

〈표 3-2〉 7차 교육과정 내용

탐구하는 태도 기르기	• 사물과 현상에 대한 지속적인 관심 가지기 • 탐구과정 즐기기
과학적 기초능력 기르기	• 물체와 물질에 대해 알아보기 • 생명체와 자연환경 소중하게 여기기 • 자연현상에 대하여 알아보기 • 간단한 도구와 기계 알아보기
수학적 기초능력 기르기	• 수 감각 기르기 • 공간 및 도형에 대하여 알아보기 • 기초적인 측정해 보기 • 규칙성 이해하기 • 자료 정리 및 결과 나타내기

탐구하는 태도 기르기와 과학적 기초능력 기르기는 과학의 영역이며 수학적 기초능력은 다소 거리가 있는 것처럼 보이나 규칙성과 관련성의 이해, 논리성의 확립, 그리고 추론이라는 기본적인 인지능력의 발달이라는 측면에서는 거의 동일하다고 볼 수 있다.

탐구하는 태도는 유아들이 가지고 있는 선천적인 지적호기심을 격려하고, 탐구과정을 즐기는 적극적인 학습에 대한 동기를 강조하고 있으며, 이것은 과학적인 태도라고 할 수 있다.

과학적 기초능력 기르기는 사물이나 자연 현상을 과학적으로 탐구하는 구체적인 기능의 체득과 탐구의 결과로 얻어진 정보들을 처리하는 것에 초점을 두고 있으므로 과학지식과 구체적인 과학기술을 의미하고 있다.

〈표 3-3〉 제 7차교육과정 영역별 내용구성

내용	하위 내용	수준별 내용	
		I	II
탐구하는 태도 기르기	사물과 현상에 지속적인 관심 가지기	• 생활 주변의 사물과 현상에 대해 호기심을 가진다.	• 궁금한 점에 대해 지속적으로 관심을 가진다.
		• 과학이나 수학에 대한 탐구 이야기에 관심을 가진다.	
	탐구과정 즐기기	• 궁금한 점을 알 수 있는 방법을 궁리한다.	• 내가 궁리한 방법대로 해 본다.
		• 다른 사람과 함께 탐구과정에 참여한다.	• 나의 생각이 다른 사람과 다를 수 있음을 안다.
과학적 기초 능력 기르기	물체와 물질에 대해 알아보기	• 친숙한 물체의 특성을 다양한 방법으로 탐색한다.	
		• 물체와 물질을 변화시킬 수 있는 다양한 방법을 탐색한다.	
		• 물체와 물질의 변화에 관심을 가진다.	• 물체와 물질의 변화 과정을 알아본다.
	생명체와 자연환경 소중하게 여기기	• 나의 몸에 대해 관심을 가진다.	• 나의 출생과 성장에 대해 알아본다.
		• 주변의 동·식물에 관심을 가진다.	• 관심 있는 동·식물의 특성을 알아본다.
		• 주변의 모든 생명체를 존중하고 돌보는 마음을 가진다.	• 생명체는 서로 함께 살아가는 것임을 안다.
			• 생명체가 살아가기에 좋은 환경에 대해 알아본다.
	자연현상에 대해 알아보기	• 생활 주변의 자연물(돌, 물, 흙 등) 탐색을 즐긴다.	
		• 자연물의 상태와 변화에 관심을 가진다.	• 자연물의 상태와 변화를 관찰한다.
		• 낮과 밤, 계절의 변화에 관심을 가진다.	• 낮과 밤, 계절의 변화와 규칙성을 알아본다.

<table>
<tr><th rowspan="2">내용</th><th rowspan="2">하위 내용</th><th colspan="2">수준별 내용</th></tr>
<tr><th>I</th><th>II</th></tr>
<tr><td rowspan="4">과학적 기초 능력 기르기</td><td rowspan="4">간단한 도구와 기계 활용하기</td><td colspan="2">• 관심 있는 도구나 놀잇감을 여러 가지 방법으로 만들고 즐긴다.</td></tr>
<tr><td>• 도구와 기계의 편리함에 관심을 가진다.</td><td>• 편리한 물건이 때로는 해가 될 수 있음을 안다.</td></tr>
<tr><td colspan="2">• 생활 속에서 간단한 도구와 기계를 활용한다.</td></tr>
<tr><td></td><td>• 우리 전통사회에서 발명된 도구와 기계에 관심을 가진다.</td></tr>
<tr><td rowspan="12">수학적 기초 능력 기르기</td><td rowspan="4">수 감각 기르기</td><td colspan="2">• 생활 속에서 사용되는 수의 여러 가지 의미를 안다.</td></tr>
<tr><td colspan="2">• 생활 속에서 수량의 많고 적음을 비교한다.</td></tr>
<tr><td rowspan="2">• 주변의 물체를 10까지 세고 숫자와 연결해 본다.</td><td>• 생활 속에서 익숙한 큰 수를 세는 경험을 한다.</td></tr>
<tr><td>• 구체물을 가지고 더하고 빼는 경험을 해본다.</td></tr>
<tr><td rowspan="4">공간 및 도형에 대해 알아보기</td><td>• 나를 중심으로 위, 아래, 앞, 뒤, 옆을 알아본다.</td><td>• 위치나 경로를 여러 가지 방법으로 나타내본다.</td></tr>
<tr><td>• 기본 입체(둥근기둥, 상자, 공 모양 등) 및 평면 도형(세모, 네모, 동그라미 등)의 생김새를 구별하고 이름을 알아본다.</td><td>• 기본 입체 및 평면 도형의 특징을 알아본다.</td></tr>
<tr><td></td><td>• 기본 평면 도형을 합하거나 나누어서 여러 가지 모양을 구성해 본다.</td></tr>
<tr><td></td><td>• 그림을 보고 구성물을 만들거나 만든 구성물을 그려 본다.</td></tr>
<tr><td rowspan="3">기초적인 측정해 보기</td><td colspan="2">• 주변 물체의 여러 가지 측정 가능한 속성(길이, 크기, 무게, 들이, 시간)을 탐색한다.</td></tr>
<tr><td>• 두 물체의 길이와 크기를 비교하고 말한다.</td><td>• 길이, 크기, 무게, 들이를 비교하고 순서지어 본다.</td></tr>
<tr><td>• 임의적 측정(손 뼘, 블록 등) 단위에 관심을 가진다.</td><td>• 임의 측정 단위를 사용해서 길이, 들이 등의 측정 경험을 한다.</td></tr>
<tr><td>규칙성 이해하기</td><td>• 여러 가지 물체나 무늬의 배열에서 단순하게 반복되는 규칙을 찾아본다.</td><td>• 생활 주변에서 반복되는 규칙을 알고 다음에 올 것을 예측해 본다.</td></tr>
</table>

내용	하위 내용	수준별 내용	
		I	II
수학적 기초 능력 기르기	자료 정리 및 결과 나타내기	• 한 가지 기준에 따라 자료를 분류하고 설명한다.	• 처음에 분류한 기준과 다른 기준으로 다시 분류한다.
		• 여러 가지 자료를 모으고 비교해 본다.	• 모은 자료를 다양한 방법으로 나타내 본다.

그리고 이에 따른 지도상의 유의점을 6개로 제시하였는데, 놀이화된 탐구과정 즐기기, 다른 유아들과의 상호작용을 통한 인지의 공유, 생명존중의 생각과 상생에 대한 개념형성, 문제해결 전략의 개발, 심화학습의 격려, 유아들의 수학 및 과학적 개념형성을 위한 체계적·지속적 지원이 핵심요소이다.

첫째, 수학 및 과학적 지식과 개념 형성에 앞서 일상생활 속에서의 다양한 탐구활동을 통하여 유아가 수학과 과학에 대해 탐구하는 태도와 과정을 즐길 수 있도록 한다. 유아가 생활 주변의 사물과 환경에 관심을 가지고 자연스럽게 생겨나는 궁금증을 해결하기 위해 스스로 다양한 시도와 결론을 내려 보는 경험을 통해 수학과 과학에 흥미를 갖고 탐구하는 태도를 형성하도록 격려한다.

둘째, 유아가 개인 혹은 또래와 함께 관심 있는 현상이나 주제 탐구에 깊이 지속적으로 참여하면서 발견한 사실을 함께 나누고 다양한 활동에 많은 유아들이 참여하여 자신이 알아내고 발견한 사실을 다른 친구들에게 발표하는 기회를 통해 탐구의 태도를 기르고, 동시에 다른 유아들에게도 탐구를 위한 동기를 유발하도록 한다.

셋째, 유아가 생명을 소중하게 여기고 어렸을 때부터 자연보호의 필요성을 인식하고, 사전 지식과 준비없이 동·식물 기르기를 하는 경우 자칫 생명을 함부로 다루게 되는 경우가 생길 수 있으므로 반드시 유아와 함께 철저히 준비하여 잘 기르도록 한다. 또한 동·식물 기르기를 통해 자연스럽게 죽음을 직면할 때, 유아가 동·식물의 입장을 생각하며 작은 생명 하나라도 소중히 여겨야 함을 알아가도록 지도한다.

넷째, 수학적 감각은 유아가 자신에게 의미 있는 수학적 상황을 해결하기 위해 이미 알고 있는 지식을 적극적으로 적용하여 타당한 결론을 이끌어 내는 추론 과정을 거치면서 길러져야 한다. 따라서 교사는 유아가 생각할 수 있는 충분한 시간을 주고, 각자의 전략을 사용하여 문제를 해결할 수 있도록 이끌어야 한다. 또한 유아가 지닌 수학적 생각을 구체물, 그림, 표, 쓰기, 말하기 등의 다양한 매개체를 사용하여 나타내고, 다른 사람과 상호작용을 하도록 격려한다.

다섯째, 유아가 수학이나 과학적 현상에 흥미를 가지고 지속적으로 몰입할 수 있는 활동상황과 자료를 제시해 준다. 특히 유아가 과학적 결과를 얻어내는 실험과정을 경험하도록 하기 위해서는 탐구하고자 하는 하나의 속성으로 변인이 통제된 자료를 제시해 주는 것이 중요하다. 때로 과학적 소양이 높은 유아들의 경우 깊이 있는 과학적 개념을 알고자 하는 경우가 있으므로, 이때는 자세한 관련 책자나 인터넷을 활용하여 교사가 함께 알아가는 태도를 보여준다.

여섯째, 교사는 활동 과정에서 유아를 지속적으로 관찰하면서 유아의 개념 유형을 파악하고 개념형성이 일어나도록 돕는다. 이때 유아가 자신의 개념을 스스로 조절하여 구성해 가도록 추후 활동을 다양하게 제공하고 반복적인 활동을 통해 과학적 개념을 형성하도록 가이드한다.

(2) 누리교육과정

2012년부터 실행되고 있는 유치원과 어린이집 통합프로그램인 누리교육과정의 경우, 3~5세 유아의 심신의 건강과 조화로운 발달을 통한 민주시민의 기초를 형성한다는 목표를 설정하고 신체 운동과 건강, 의사소통, 사회관계, 예술경험, 자연탐구의 5개 영역을 중심으로 구성되었다.

〈표 3-4〉 누리과정의 목표

신체 운동과 건강	기본 운동능력과 건강하고 안전한 생활 습관을 기른다.
의사소통	일상생활에 필요한 의사소통능력과 바른언어 사용 습관을 기른다.
사회관계	자신을 존중하고 다른 사람과 더불어 생활하는 능력과 태도를 기른다.
예술경험	아름다움에 관심을 가지고 예술 경험을 즐기며, 창의적으로 표현하는 능력을 기른다.
자연탐구	호기심을 가지고 주변 세계를 탐구하며, 일상생활에서 수학적, 과학적으로 생각하는 능력과 태도를 기른다.

누리교육과정에 제시된 유아의 주변생활과 일상, 호기심, 탐구하는 태도와 기술, 함께 나누기 등의 용어에서 유아의 과학교육의 목표와 내용에 대하여 이미 많은 시사점을 받고 있다. 과학에 대한 지식의 습득을 강조하기보다는 지식에 관한 긍정적이고 적극적인 태도, 실생활에서의 활용, 합리적인 의사결정을 위한 행동 양식의 익힘 등을 강조하고 있으며, 과학이 실험실 안에서 이루어지는 것이 아니고 유아들의 매일의 일상이 과학이라는 사실을 강조하고 있다. 긍정적인 과학 경험을 통하여 유아들이 과학적 개념과 지식, 기술, 태도 등의 균형 있는 발달을 강조하고 있다.

이러한 지침은 과학자나 과학 과목을 잘하는 사람의 육성이 아니고, 사회구성원으로서 합리적인 사고방식을 체득하고, 시민 의식을 가진 사회구성원으로 자라나게 하는 것이 교육의 목표라는 것을 명확히 보여주고 있다.

국가 수준의 교육과정은 양면성을 가지고 있다. 한 면은 교육의 질을 최소한으로 보장하는 제한선이라는 의미가 있으며, 다른 하나는 보다 질 높은 프로그램의 개발을 자칫 막아버리는 기능을 할 수도 있다.

따라서 교육과정을 하나의 방향을 설정하는 가이드로 생각하고 지역별로 교육기관별로 교사의 재량과 창의적인 재구성이 필요하다.

다만 교육과정이 강조하고 있는 유아들의 자발적인 활동의 기초는 즐거움에 있다는 것을 인식해야 한다. 일상의 즐거운 놀이와 활동 속에서 어떠한 강요나 억압 없이 유아들이 성장해야 한다는 원칙과 교사들의 창의적인 아이디어와 그것을 실천하기 위하여 적극적으로 지원하는 영유아 교육기관 운영자가 필요하다.

누리과정의 지침서에 제시된 인간상과 놀이중심의 교육과 교사들의 창의적인 교육활동은, 앞으로 영·유아교육이 보다 더 비구조적인 놀이중심의 학습과 지역성과 교사들의 재량을 강조하는 방향으로 진행될 것임을 암시하고 있다.

(3) 효과적인 유아과학교육의 전제

교육의 목표가 명확히 설정되고 이해되어야 가장 효과적이고 실제적인 교육방법이 도출될 수 있다. 과학적 소양을 가진 사람은 과학적인 사고방법과 행동 양식을 가진 사람이다. 과학적 소양의 함양이라는 유아과학교육 목표의 달성을 위하여 전제되어야 할 몇 가지가 있다.

① 과학교육방법의 개선노력

기본적으로 유아들은 성인들과는 다른 생각을 한다는 것을 인지하고 그에 적합한 과학교육방법이 필요하다. 유아들은 기존의 사고를 바탕으로 의미를 구성하고 새로운 경험을 유의미하게 만든다. 그러한 유아들의 재구성된 경험이 교사의 효율적인 가이드와 만났을 때 의미는 최대한 확장된다.

지금까지 많은 유치원 교사들이 현장에서 전통적으로 해오던 과학교육방법을 그대로 무비판적으로 답습해오지 않았나 하는 반성을 통하여 새로운 과학교수방법을 개발하고 발전시키려는 의지를 가지고 창의적인 교수-학습방법 개발을 위하여 노력해야 한다.

② 유아들의 월드뷰(world view)의 개발과 확장에 대한 풍부한 이해

유아는 일상의 경험과 상호작용을 통하여 자신을 둘러싼 외부세계를 보는 관점을 발달시키고 확장시켜야 한다. 월드뷰(world view)는 세계관, 어떤 지식이나 관점을 가지고 세상을 바라보는 관점이다. 세계관은 우리가 살고 있는 세계 전체를 바라보는 관점을 제공하며, 우리를 둘러싼 환경의 관계와 행동 양식을 규정한다. 유아과학교육을 통하여 그 범위를 점차 확대시켜야 한다는 것이다.

유아에게 있어서 과학은 과학적 지식을 배우는 영역이 아니라 유아 스스로 일상의 삶을 이해하는 도구이다. 따라서 삶을 바라보고 살아가는 다양한 관점을 유아들이 가질 수 있도록 해야 한다.

세상은 다양한 색을 가지고 있으며 그러한 색을 보고, 느끼기 위해서는 유아들에게 다양한 색깔의 렌즈를 가질 수 있도록 해야 한다. 다양한 사물과 현상을 접하며 단지 그것이 자연과학이나 물리적인 지식에 머물지 않고, 인간의 삶과 사회를 다양한 관점에서 바라보고 다양한 환경에서 적응 능력을 기를 수 있도록 해야 한다. 또, 과학교육을 통하여 인간과 다채로운 자연을 이해하며, 인간의 삶과 자연의 다양성을 적극적으로 수용할 수 있는 개방된 마음을 길러주기를 강조해야 한다.

③ 다양한 교수-학습방법을 적절히 활용할 수 있는 교수능력의 개발

교사들의 전문성은 교수의 적절성에 있다. 교수-학습에 대한 이론 및 방법에 대해서는 수많은 연구가 있었으며, 다양한 교수-학습방법이 개발되어 있다. 교사는 학습자와 교육내용, 교육환경이라는 복잡한 변수를 고려하여 적절한 교수방법을 사용할 수 있어야 한다.

특히 유아들이 가지고 있는 다양한 발달 수준과 환경 등을 고려하면 유치원에서의 실제 교수-학습방법은 초중등의 그것보다 더 다양하게 개발될 필요가 있다. 유아교육과정을 감안하면 유아과학교육의 내용을 포함하고 있는 범위는 매우 넓다. 자연환경과 유아들의 놀이나 일상이 모두 포함되어 있으므로 그에 적합한 교수-학습방법을 개발하고 다양하게 변화시키며 활용할 수 있는 능력을 배양해야 한다.

④ 다양한 피드백과 상호작용 채널의 개발

"구성주의적 교육의 관점"이라는 말은 교사나 예비교사 등 교육계에 종사하는 사람들은 누구나 한번쯤 들어본 말이다.

구성주의는 상대적인 인식론으로서 인간의 경험에 대한 인간은 살아가면서 경험하는 실제의 세계가 있지만, 그것이 인간과 별도로 떨어져서 존재하는 것이 아니고 인간 스스로가 부여하는 의미에 의해서 만들어진다는 것이다.

구성주의는 상대적 인식론으로서 실존주의, 현상학, 포스트모더니즘과 맞물려서 우리의 교육현장에 많은 변화를 가져오고 있다. 구성주의에서 말하는 인간의 세계란 인간이 의미를 부여함으로써 존재하게 되는데, 이런 의미에서 보면 절대적 지식이나 진리가 존재하지 않으며, 학습자가 경험을 통하여 스스로 의미 있는 지식을 창조한다는 구성주의적 교육의 관점은, 우리의 교육현장을 소통과 학습자 활동중심의 활기찬 삶의 현장으로 만들어 가고 있다.

구성주의 교육은 소통을 강조한다. 개인적 의미의 지식구성에 한정하지 않고 그것을 타인과 나누고 타인의 지식을 받아들이는 상호작용은 지식에 대한 공감과 객관성을 높여가는 중요한 요소이다.

쉐일리와 브리튼(Chaille & Britain, 1991)은 구성주의의 과학모델은 유아들의 질문에 근거를 두어야 한다고 하였다. 질문은 대답과 대답을 찾기 위한 탐색활동으로 이어지고, 활발한 의사소통을 발생하게 한다. 따라서 교사는 유아가 스스로 의문을 가지고, 대답을 찾을 수 있도록 격려하고, 그러한 탐색의 과정에서 교사와 다른 유아들과 활발한 상호작용을 할 수 있는 환경을 제공해야 하고 스스로 유아들과 많은 상호작용을 하도록 노력해야 한다. 그것은 수업의 과정뿐 아니라 놀이를 포함한 모든 일상에서 그런 환경이 제공되어야 한다.

유아들에게 놀이는 중요한 상호작용의 수단이다

⑤ 교구 및 교재의 창의적인 개발

유치원은 어떠한 철학이나 교육적 가치를 지향하여 운영한다 하더라도, 그 핵심에는 교수방법으로서의 즐거움과 경이, 놀이와 움직임이 존재해야 한다. 그러한 활동을 도와주는 것이 교구와 교재이다.

유아과학 활동과 그것을 도와주는 교구나 교재는 많은 양이 개발되어 있으나, 교사가 유아과학활동을 위한 교구나 교재를 고안한다면 더욱 좋을 것이다. 과학활동을 위한 교재와 교구는 반드시 기성품을 사용할 필요는 없으며, 유아의 생활환경의 다양한 변화에 따라 주변에서 얼마든지 찾을 수 있다.

매년 유치원에는 서로 다른 환경을 가진 유아들이 입학한다. 작년의 유아들과 올해의 유아들은 서로 다른 특성들이 분명히 존재할 것이며, 이에 따라 작년의 교재나 교구는 현재의 유아들에게는 적합하지 않을 수도 있다. 지금 사용하고 있는 교재와 교구를 무심코 지나치지 않고 새롭게 수정하거나, 전혀 다른 새로운 형태의 교재나 교구를 교사들이 창안해야 할 필요가 있다.

인내는 영혼을 강하게 만든다

과학교육과 창의성

최근 우리 교육은 창의성에 대하여 많은 관심을 기울이고 있으며, 창의적, 창의성이라는 것은 21세기의 새로운 사회에 대응하는 가장 중요한 능력으로 조명받고 있다. 특히 유아교육과 초등교육에서 모든 분야에서 중요한 타이틀로 사용될 만큼 강조되고 있으며, 수많은 교육의 분야를 창의성과 연관 짓고 있다.

유아교육도 예외는 아니다. 유아들의 창의성개발을 위한 00프로그램, 유아들의 창의력 향상을 위한 ○○교실, 공교육, 사교육 할 것 없이 창의성과 연관된 수많은 프로그램이 탄생되고 운영되고 있다.

유아교육을 공부하는 예비 교사들은 이러한 상황에 대해서 어떻게 생각하고 있는지 궁금하다. 특정 과목의 학습이 창의성 개발에 도움이 될 수 있을 것인가?

과학은 창의성과 밀접한 관련이 있을 수 있는 과목이다. 과학이라는 과목은 단순히 과학적인 지식의 함양이 아닌 삶의 지혜를 키울 수 있는 영역이므로 창의적인 사고와 분명히 관련이 있을 것이다. 그러나 어떻게 창의성을 키울 것인가? 특정 영역의 학습을 통하여 창의력은 배양될 수 있는가?

우리는 창의성을 기를 수 있다고 배워왔고, 구체적으로 창의성 향상 프로그램에 참가함으로써 창의력이 향상된다고 알고 있다. 창의성은 구성요소들은 민감성, 독창성, 유창성, 정교성, 융통성 등이 있는데 그런 특성은 인위적으로 기르는 것보다는 영유아기에 창의성의 씨앗과 같이 자라야 한다.

창의성의 씨앗은 무엇일까? 유아들의 입장에서 생각해 보면 "무엇인가를 제지받지 않고 방해받지 않고 마음껏 해 보는 것"이다. 그리고 그 결과에 대하여 억압적인 방식의 피드백이 돌아오지 않아야 한다.

가정과 유치원에서는 "하지 마라", "안 된다", "이렇게 해야 한다"는 소리를 지겹도록 듣고 있는데 창의성을 기르는 프로그램에 참여한들 큰 효과를 기대할 수 있을 것인지 생각해 볼 필요가 있다.

창의성은 용기 있는 시도에서 시작된다. 굳이 창의성을 학문적으로 접근하지 않고 상식선에서 생각해 본다면, 남들이 하지 않은 방식으로 생각하고 행동하여 어떤 새로운 것을 만들어 보려고 한다면 제지받지 않아야 한다. 그리고 제지받는다 해도 그것을 견디어 낼 배짱과 용기가 필요하다. 그리고 가장 중요한 것은 교사나 학부모가 유아들에게 하도록 하고 싶어 하는 일과, 유아들이 하고 싶어 하는 일 사이에서 학부모나 교사들이 자신들의 요구를 과감하게 유아들에게 양보할 수 있는 용기가 필요하다.

글쓰기 연습을 겸한 요약 및 복습 3

기술과 서술의 차이점	
서술	기술보다 넓은 의미로 어떤 사실에 대한 특징을 순서대로(시간적, 인과적) 적어나가는 것. 글쓴이의 주관적 관점이 논리에 따라 드러나야 한다.
기술	어떤 대상에 내용이나 특징들을 열거하여 쓰는 것을 말한다. 글쓴이의 주관적 관점은 배제된다.

1. 기술 및 서술과제

과제 1	과학적 소양과 과학지식의 대중화와의 관계를 간단히 서술해 봅시다.
과제 2	창의성의 발달과 특정 교과와의 관계에 대해서 간단히 서술해 봅시다.

2. 키워드를 따라가는 학습

다음 키워드의 뜻이나 정의를 써 보거나 설명해 봅시다.

Literacy	
시민	
누리교육 과정	

CHAPTER 4

과학교육의 동향

1 미국의 과학교육 동향

미국 과학교육의 동향은 세계 과학교육의 동향과 거의 일치한다고 할 수 있다. 미국이 세계 최강대국으로 성장한 원동력 중 하나는 과학과 과학기술의 발달이 그 뒷받침이 되었음을 부인할 수 없다. 미국 과학교육의 변화과정은 정치사회적 변화와 교육철학, 교육과정 등이 과학기술의 발달과 맞물려서 하나의 뚜렷한 방향성을 가지고 있다.

〈표 4-1〉 미국 과학교육의 변화

시기	내용
1920년대	John Dewey의 실용주의 교육의 영향으로 실제 교육 경험을 중요시 하였으며, 건강이나 안전, 경제적인 영역으로 확장되었는데, 한마디로 일상에서 과학적인 요소들을 강조한 실리적인 과학교육이 진행되었다.
1930년~ 1940년대	k~12학년을 위한 체계적인 과학교육과정이 진행되었으며, 과학적 원리와 이해의 실제 적용이 강조되었으며, 과학적 지식의 습득을 강조하였다. 이른바 생활중심의 과학교육으로서 구체적인 경험을 너무 강조한 나머지 추상적인 과학지식에 대한 회피가 일어났고, 그 결과 수학과 과학을 소홀히 하였다.
1957~ 1980년대	1957년 스푸트니크 쇼크 이후, 과학교육과정에 획기적인 변화가 나타난다. 실용적인 과학에서 학문중심의 과학을 강조하게 되고, 실제로 과학기술의 발달에 기여할 과학 엘리트 양성을 목표로 한다. Ess, Scis 등이 대표적인 프로그램이다.
1980년대 중반이후	"모든 사람을 위한 알기 쉬운 과학"으로 전환이 나타난다. 과학지식의 대중화를 통하여 모든사람 들이 과학지식에 친밀해지고 쉽게 과학을 접할 수 있는 과학교육으로 전환하게 되었다. 대표적인 프로그램으로 Project 2061, STS 등이 있다.
1990년대	모든 사람이 과학지식뿐만 아니라 과학지식을 만들어내는 탐구능력을 함양하여 일상에서의 문제해결에 그러한 능력을 사용하여 과학적인 사고방식과 태도로 삶을 영위할 수 있도록 과학적 소양의 육성을 강조하게 되었다.
2000년대 이후	"인간의 얼굴을 한 과학"으로서 과학과 인간적인 특성의 융합을 시도하고 있으며, 과학기술의 활용이, 인간의 삶의 질 향상뿐 아니라 정신적인 가치를 더욱 높일 수 있는 방법으로서 제시되고 있다.

전반적으로 일반인들을 위한 보편적인 과학으로서의 변화를 확인할 수 있는데, 추후 과학교육의 추세는 과학과 인간의 삶이 융합되는 미래를 지향할 것임이 분명하며, 이러한 변화는 과학기술의 발달이라는 측면에서 본다면 과학기술의 발달이 교육을 선도할 것이라 생각된다. 과거의 교육은 과학기술의 방향성을 결정했고, 이에 따라 수많은 과학기술들이 학교의 연구실에서 탄생하였지만, 이제는 기업이 학교와의 긴밀한 협력을 통하여 과학기술을 발전시키고 학교의 교육이 이것을 따라가는 추세가 명확하다.

2 대표적인 과학교육 프로그램들

(1) SAPA(Science A Process Approach)

1961년부터 미국 과학진흥협회(America Association for the Adnanced of Science)에서 개발된 초등과학프로그램으로 아동들이 기존에 획득한 과학적 개념을 이용하여 과학적 과정기능(science process skills)을 양적, 질적으로 확장, 심화시켜 과학자적인 연구의 진행방법을 아동 스스로 수행할 수 있게 하는 것이었다. SAPA는 과학의 과정을 강조한 프로그램이었는데, 주된 특징은 결과보다는 과정중심의 탐구방법들의 습득을 강조하였다. 행(doing)함으로써의 과학을 중시하고, 과학적 과정기능을 활용하고 숙달하기 위하여 과학적 지식이나 개념은 수단으로 활용하도록 하였다.

유치원의 교육내용은 과학의 과정을 배워야 한다는 전제하에 주제를 중심으로 위계적으로 구성되었고 기본적인 교수방법으로 도입, 활동, 일반화의 단계를 거치도록 하였는데, 매우 구조화된 내용과 교사 주도적인 교수법을 활용하였다.

기본적인 스킬로서 관찰, 의사소통, 예측하기, 추론하기, 숫자사용하기, 공간과 시간관계 사용하기 등을 다루도록 하였다.

SAPA의 초기 프로그램의 적용성과가 미미하여 실패한 프로그램으로 알려져 있으나 1980년대에 SAPA 프로그램 접근을 재시도한 결과 성취도나 과학적 태도·창의성·과학적 과정기능들의 발달을 촉진시킬 수 있다는 연구 결과들이 나왔으며, 1960년대 당시의 프로그램 운영을 위한 장비나 재료의 부족, 재정적인 지원의 미비, 특히 교사들의 새로운 과학 프로그램에 대한 이해와 운영을 위한 훈련 부족 등이 실패의 원인으로 지적되었다.

최근에 진행된 유아들의 과학적 과정기능에 대한 여러 연구 결과들은 과학적 과정기능은 가르치고 배워야 할 단순한 기술이 아닌, 과학적인 사고방법이라는 것을 보여주고 있는데, 과학적 사고방법은 교과서나 학습지를 통하여 이루어질 수 없으며, 유아들의 직접적인 활동(과학적 과정기능을 활용할 수 있는)을 통하여 체득되어야 실질적인 정신기능으로 작용할 수 있다.

과학적 과정접근법은 교사들이 활동을 선정과 과정기능의 조직을 통하여 과학교육에 시사점을 많이 던져줄 수 있는 프로그램이라고 할 수 있다.

(2) ESS(Elementary Science Study)

1960년대 초, ESS는 미국의 새과학교육 개혁 시기에 교육개발센터에서 개발한 프로그램으로, 전통적인 교수방법의 개선에 그 목적을 두었으며, Piaget와 Bruner의 이론에 기반하고 있다. Ess의 가장 두드러진 특징은 유아중심적인 학습방법을 강조하였다는 것이다. 학습의 발생에는 유아들의 호기심과 흥미는 가장 큰 역할을 하고 있으며, 유아들이 통찰력을 통하여 주변 세계의 사물과 현상을 이해하고 그러한 과정을 즐길 수 있도록 프로그램을 구성하였다.

교사는 그런 유아들의 활동을 관찰하고 지시하고 촉진자로서의 역할을 하게 되는데, 전통적인 교육방법과는 달리 교사 주도적인 개입을 가능한 억제하여 유아 스스로 탐색을 강조하여 유아가 활동의 중심에 있을 것을 강조하는 프로그램이었다.

ESS는 구체적인 목표로서 합리적인 사고 과정 기르기, 조작하기, 의사소통하기, 개념 알기, 과학에 대한 긍정적인 태도 기르기 등이 제시되었는데 유치원에서 6학년의 학생들을 대상으로 적용할 수 있는 지구과학, 물리학, 생물학과 컴퓨터 및 수학적 적용등의 단원들이 나선형으로 구성되어 있다. Ess는 기본적으로 아동중심적으로 내용이 조직되어 있으며, 구체적인 활동의 전개도 아동들이 주도적인 역할을 하도록 강조하고 있다.

(3) SCIS(Science Curriculum Improvement Study)

SCIS 프로그램은 SAPA와 ESS와 유사한 시기인 과학교육개혁 운동의 시기에 캘리포니아 대학을 거점으로 하여 개발된 유치원에서 6학년 아동들 대상의 프로그램이다. 이론적으로는 Piaget의 인지발달론에 근거하여 아동의 지적 발달과 과학개념의 이해에 초점을 두었으며 아동들의 과학개념형성을 강조하고 있다.

단순한 과학지식보다는 여러 가지 사물과 현상의 이해를 위하여 기초적인 원리나 개념을 발견하는 교육 방법을 선택하여 유아의 과학적 사고능력과 지적 발달을 도울 수 있도록 하였는데, 저학년의 구체적인 것에서 추상적인 것으로 단계적으로 내용이 구성되어 있다. 1단계는 물질의 개념, 특성, 물질의 보존, 생물에 관한 것이며, 2단계는 상호작용, 3단계는 에너지, 생물의 생태, 평형 등으로 이루어져 있다.

SCIS 프로그램의 교수방법적 특징은 3단계로 나누어진 이른바 학습주기(learning cycle)라는 개념이다. 탐색 → 개념 → 적용의 3단계로 이루어져 있다. 탐색의 단계에서는 교사의 자료제시와 이에 대응하는 유아들의 언어적인 반응을 강조하고 있으며, 개념단계는 교사가 개념을 언어로 정의하여 유아들이 이를 습득할 수 있도록 하며, 적용단계에서는 전 단계에서 획득한 과학적 개념을 적용하여 실험해보기 같은 활동들로 이어진다. 학습의 싸이클이 교사의 주도성을 강조하고 있는 수업의 형태이며 교사의 문제제시와 유아활동, 개념형성의 확인이라는 매우 고전적인 형태의 학습단계들을 강조하고 있다. 그러나 이런 형태의 학습이 효과가 있는 영역이 있으며 지금도 여전히 활용되고 있다.

(4) 물리적 지식 활동 프로그램(Physical Knowledge Activities: PKA)

Piaget 이론이 미국에 도입된 후, 1960년대를 거쳐 1970~1980년대에 걸쳐 Piaget이론을 적용한 다양한 과학교육프로그램이 개발되었다. 그중에서 대표적인 것들이 카미와 드브리스(Kammi & Devries)의 물리적 지식 활동과, 샬리와 브리테인(Chaille & Britain)의 구성주의적 영유아 과학교육 프로그램 등이 대표적이다. Piaget는 지식의 종류를, 물리적 지식, 논리·수학적지식, 사회적 지식으로 구분하였는데, 카미와 드브리스는 지식의 종류에 적합한 교수활동 들이 따로 있다고 주장하였다.

PKA는 Piaget의 이론에 근거한 과제나 실험 등을 유아들을 대상으로 진행하기도 하였는데 유아들이 직접 그 사물을 조작하고 체험하는 과정을 통해서 지식을 학습한다고 보았다.

따라서 물리적 지식활동은 유아의 자발적인 탐색 활동을 통하여 사물의 움직임에 변인을 만들고 그에 따른 사물의 변화와 움직임을 이끌어내며, 그것은 유아의 또 다른 조작을 유발하여 유아의 조작행위를 다양하게 변화시키는 활동들로 구성되었다(사물의 움직임, 사물의 변화, 사물의 특성). 이것은 사물과 현상을 관찰하고 그것에 대하여 유아들이 조작이라는 수준 높은 정신적 행위를 통하여 물리적 환경과의 상호작용에 능동적으로 개입하여 사물과 현상에 대한 새로운 지식을 형성한다는 측면에서 구성주의적 과학교육에 의미있는 시사점을 던져주었다.

(5) Project 2061

미국 과학진흥위원회(American Association for the Advancement of Science)의 지원으로 개발된 프로그램으로 2061이란 숫자의 의미는 1985년 핼리해성이 지구에 접근했는데, 핼리해성의 주기가 76년이므로 지구 근처로 다시 접근하는 해인 2061년을 가리키고 있다.

프로젝트 2061은 국민들의 과학적 소양의 함양과 과학의 생활화·대중화를 강조하고 있는 것인데, '미래세대를 위한 과학교육 표준'과 모든 미국인을 위한 과학을 표방하면서 시민으로서 반드시 알아야 할 과학적 소양의 기본 내용을 제시하고 있는 것이 특징이다. 과학교육의 기본적인 방향으로 첫째, 과학교육의 목표를 영·유아기부터의 과학교육을 통한 과학적 소양의 함양으로 설정하고, 조기과학교육의 기회 확대와 과학교육과 수학, 역사학 경제학, 정치학, 문학같은 다른 학문의 분야와 통합하여 프로그램을 운영하도록 하고 있다. 특히 읽기 쓰기같은 언어영역과의 적극적인 통합을 강조하고 있다.

둘째, 과학기술은 인간의 일상과 밀접한 관계가 있으므로 과학적인 지식과 과학기술들이 인간들의 실제 생활에서 활용될 수 있고 사람들이 그러한 과학지식과 기술에 쉽게 접근할 수 있는 체제의 확립을 강조하고 있다.

셋째, 과학교육의 방법으로서 유아의 호기심과 흥미에 기반하여 탐구

문제를 설정하고 교사와 유아가 언어적인 상호작용을 통하여 문제를 해결하도록 강조하고 있다.

넷째, 우수한 과학교사의 양성이 곧 프로젝트의 성공을 좌우하므로 프로그램의 목표를 충분히 이해하는 능력있는 교사의 양성을 강조하고 있다.

다섯째, 과학기술의 급격한 발달에 적응하고 과학기술을 실생활에 적용하기 위한 컴퓨터 사용능력을 강조하였다.

프로젝트 2061은 과학의 대중화 · 생활화라는 새로운 과학교육의 패러다임을 제시했으며 현대 과학교육의 가장 핵심적인 요소들을 제시하였다고 할 수 있다. 특히 이러한 프로젝트의 창안과 실행이 정부 주도가 아닌 민간단체의 주도로 이루어진 것이 가장 큰 특징이라고 할 수 있다.

(6) STS(Science-Technology-Society)

STS는 과학, 기술, 사회의 상호작용을 이해하고 과학이 인간사회에 미치는 영향을 인식하여 인간이 직면하는 사회적인 문제의 해결을 위한 능력을 제공할 수 있도록 하기 위하여 아동의 일상에서부터 과학학습이 이루어지는 것을 강조하는 프로그램이다. 즉, 과학자들이 다루는 개념이나 연구방법보다는 아동들이 일상에서 쉽게 접할수 있는 과학적 지식과 탐구방법을 과학교육의 대상으로 다루도록 한 프로그램이며 과학교육을 통하여 미래사회에 적절하게 적응할 수 있도록 하는 데 STS의 의의가 있다.

따라서 STS 프로그램은 과학자양성이나 과학자를 위한 프로그램이 아니고 유아들이 생활 속에서 경험할 수 있는 과학적인 내용과 방법의 이해와 생활에서 활용할 수 있는 실제적인 능력의 함양을 목표로 하고 있다. 이외에도 STS의 특징은

첫째, 교실에서만의 과학교육이 아니고 지역사회와 가정까지도 과학

적인 활동이 연장될 수 있도록 하고 있다.

둘째, 지역사회에서의 문제해결에 적극적으로 참여하는 시민 정신을 강조하고 있다.

셋째, 개인과 사회에 관련된 문제해결을 위한 창의성과 적용능력을 강조하고 있다.

넷째, STS프로그램은 소수나 일부를 위한 과학교육이 아닌 모든 사람을 위한 과학교육을 강조하고 있다.

STS 프로그램이 현대의 과학교육에 제시한 시사점으로는 과학과 인간이 살아가는 사회는 생각보다 밀접하게 관련되어 있으므로 과학과 사회 그리고 인간은 분리될 수 없는 상호보완적인 관계를 형성하고 있다는 것이며, 이것을 이해하기 위해서는 유아기부터 일상을 통하여 과학을 쉽게 접할 수 있도록 해야 하며, 과학이 인간에 미치는 영향과 그것을 이해할 수 있는 과학적인 소양을 가진 사람의 육성이 과학교육의 도달점이 되어야 한다는 것이다.

3 유아과학교육의 변화 방향

미국의 과학교육의 변화와 구체적인 과학교육프로그램들의 변화를 살펴보면 유아과학교육을 위한 뚜렷한 몇 가지의 줄기를 찾아낼 수 있다.

(1) 교사주도적인 교육에서 유아들의 흥미와 호기심을 고려한 유아들의 활동과 놀이중심으로 변화하고 있다

- 아동의 흥미와 호기심을 고려한 활동과 놀이중심의 교육
- 유아들의 사전지식 파악과 개별적 발달단계를 고려한 교육

(2) 과학교육을 위한 과학지식이 아닌, 유아들의 일상과 밀접한 관계가 있으며, 유아들이 일상의 문제해결에 활용할 수 있는 과학지식을 강조하고 있다

- 유아들의 일상과 관련된 의미 있는 과학지식의 선정
- 유아들의 과학적 사고능력과 연관된 문제해결력의 강조

(3) 과학지식습득의 강조에서 점차, 태도 즉 과학적인 사고방법의 함양과 과학에 대한 폭넓은 이해를 위한 큰 의미의 과학교육으로 변화하고 있다

- 과정중심적인 유아과학교육의 강조
- 유아들의 미래의 삶을 위한 과학교육
- 세계를 이해하고 삶의 의미를 높이는 방법으로서의 유아과학교육

이처럼 유아들의 발달 수준과 사전지식의 파악을 토대로 유아들이 자신을 둘러싼 세계를 이해하고 과학적인 지식을 활용하여 일상의 문제해결을 할 수 있는 능력의 배양을 강조하고 있으며, 교육의 방법적인 측면에서는 결과보다는 과정을 중시하는 과정중심적인 교육방법의 개발과 실행을 강조하고 있다.

과학교육이 유능한 과학자를 양성해야 한다면 과학적 지식은 상당한 수준을 유지해야 한다. 그러나 유아과학교육의 목표는 과학자의 양성이 목표가 아니고 과학적인 사고방식의 함양을 통하여 삶을 보다 행복하게 누릴 수 있도록 하는 것이기 때문에 지식의 습득 그 자체보다는 과학교육의 과정에서 유아들이 체험하게 되는 문제해결의 방법이나 탐구방법을 강조하고 있다.

과학적인 사고를 통하여 합리적인 삶의 양식을 이해하고 실천하는 시민의 육성이 과학교육의 목표인 이상 어려운 과학지식의 습득이 강조되어서는 안 될 것이다. 그 지식이 아무리 수준 높고 해당 분야에서는 유용하게 쓰일 수 있다 할지라도, 개개인의 삶에 의미가 없다면 학교를 졸업하는 것과 동시에 잊혀질 것이기 때문이다.

글쓰기 연습을 겸한 요약 및 복습 4

기술과 서술의 차이점	
서술	기술보다 넓은 의미로 어떤 사실에 대한 특징을 순서대로(시간적, 인과적) 적어나가는 것. 글쓴이의 주관적 관점이 논리에 따라 드러나야 한다.
기술	어떤 대상에 내용이나 특징들을 열거하여 쓰는 것을 말한다. 글쓴이의 주관적 관점은 배제된다.

1. 기술 및 서술과제

과제 1	인간의 얼굴을 한 과학이란 말의 의미를 서술해 봅시다.
과제 2	유아과학교육의 변화과정에서 강조점을 기술해 봅시다.

2. 키워드를 따라가는 학습

다음 키워드의 뜻이나 정의를 써 보거나 설명해 봅시다.

스푸트니크 쇼크	
행(doing)함으로써의 과학	
과정중심적 교육	

CHAPTER 5

유치원과 초등학교의 연계성

유치원의 아동과 초등학교 1학년 아동들은 발달적인 특성에서 유사점이 많다. 유치원과 초등학교는 대상 아동의 연령이 비슷하다는 점에서 실제적인 연계성이 확보되어 교육의 연속성을 유지해야 할 필요가 있다.

유치원에서 놀이중심의 통합적인 교육과정을 경험하였던 유아가, 학습중심의 초등학교에서 두려움이나 충격을 받을 수 있으며, 그 외에도 교사, 교육과정, 생활지도, 학습 등 여러 측면에서 유아들이 자연스럽게 초등학교의 교육 운영에 적응할 수 있도록 연계성이 확보되어야 한다.

미국이나 프랑스의 경우 공립초등학교의 1학년으로 유치원을 포함시키고 있거나 혹은 유아 5세반과 초등학교 1, 2학년을 동일한 단계에 포함시키고 있는데, 이러한 시스템은 자연스럽게 유치원과 초등학교의 연계성을 확립하고자 하는 목적이다.

1 연계성의 의미

연계성의 사전적 의미는 어떠한 일이나 현상들 사이에 서로 맺어져 있는 성질을 말한다. 연계성을 교육의 관점에서 본다면 하나의 교육기관과 다른 교육기관의 교육과정이나 기타 교육시스템이 유기적으로 연결되어 있어서 교육의 연속성을 보장할 수 있다는 것이다. 즉, 학년이 계속 올라가거나 학교 기관의 급이 변경되어도 교육내용의 교수-학습이 단절되지 않고 심화, 확대되는 것이다.

유치원과 초등학교의 연계성은 유치원과 초등학교 간의 전반적인 교육시스템들과 교육과정, 교수방법, 교육환경 등이 서로 적절하게 연결되어 교육의 계속성과 계열성, 통합성을 가지는 것을 가리키는 말이다.

더불어 아동들의 발달단계도 유치원의 유아와 초등학교 저학년은 큰 차이가 없으므로 연계성의 확보는 교육의 효과적인 측면에서 자연스러운 일이다.

> 유아의 과학교육에서도 유치원의 과학적 경험과 재구성이 초등학교에서도 연관성 있게 이루어져야 한다. 왜냐하면 발달적으로 유치원 아동과 초등학교 저학년 아동은 매우 유사한 행동 특성을 보이기 때문인데, 유치원과 초등학교 저학년 아동은 유아교육의 대상 연령범주(0~8세)에 속하며 발달 심리적으로 연계적 특징의 비슷한 사고 및 행동 특성을 보이기 때문이다(곽노의 외, 2005).

유치원과 초등학교 교육의 연계성에 대한 논의는 1980년대부터 시작되었고 지금은 유치원 교사와 초등학교 교사 모두가 연계성에 대하여 긍정적인 입장을 취하고 있지만 대체로 교육과정상의 연계성에 대해서만 언급되고 있으며, 교육환경, 부모교육, 교사교육, 특히 예비교사 혹은 교사들 간의 인적교류 등에 대해서는 아직 논의되지 않고 있다.

(1) 연계성이 필요한 이유

두 학제 간의 연계성이 왜 필요한가에 대한 질문에 대하여 우선 생각해 볼 수 있는 것이 유치원 교육 효과의 확산 때문이다.

유치원과 초등학교의 연계성에 관해서는 꾸준히 논의되고 있으나 인지적·신체적·심리적 발달 등의 여러 측면에서 그 당위성이 있지만 교육기관의 체제가 완전히 다르다는 점에서 연계성의 확립은 쉽지 않은 문제이다. 그러나 유치원과 초등학교는 인간의 계속적인 성장과 발달에 도움을 주고 연속적인 과정에서 학습이 이루어지도록 상보적 관계에서 연계되는 것이 바람직하다(장영숙·유승연, 2002).

유치원에서는 인간의 발달에 필요한 다양하고 값진 경험들을 최초로 체계적으로 제공받게 되며 다양한 영역에서 발달이 이루어진다.

특히 이 시기의 유아들을 타고난 개척자, 탐색자라고 지칭할 수 있을 만큼, 지적 호기심과 자기 밖의 세계에 대한 탐색 욕구가 급증하므로 유아기는 과학교육에 적절한 시기이다.

유아의 과학교육이 초등학교의 과학교육과 적절하게 연관되어져 있다면 유치원 시기의 다양한 경험은 초등학교에서 새롭게 재구성될 수 있을 것이며, 유치원 시기에 이루어진 유아발달의 다양한 영역은 초등학교에 가서도 양과 질적인 면에서 더욱 확장되고 깊어질 것이다.

유아의 학습은 하나의 연속적인 선상에서 이루어져야 발달단계의 변화에 따른 학습내용이 유의미해지며 그 효과가 더욱 확장될 수 있다.

① 유아발달의 연속성을 유지하기 위하여 필요하다

유치원 아동과 초등학교 저학년 아동의 발달적 특성은 연령적으로 매우 유사하다. 발달의 영역별로 살펴보더라도 신체, 인지, 언어, 사회, 정서 영역에서 거의 동일한 수준이다. 즉, 두 학제는 하나의 발달선상에 놓여 있다고 볼 수 있다. 발달의 연속성은 유사한 경험의 재구성과 그것을 촉진하는 환경의 구성에 영향을 받는다.

피아제가 주장하는 넓은 의미의 발달은 학습의 과정보다는 환경과 유아가 상호작용하는 전체적인 과정이다. 이러한 과정에서 학제의 변경으로 상호작용의 질과 양이 급격히 변경되거나 단절된다면, 유아들의 경험은 일회성에 머물 것이며 그러한 경험과 경험의 단절은 유아의 지속적인 발달에 방해가 될 것이다.

② 아동중심의 교육방법의 지속을 위하여 필요하다

유치원교육의 특징은 경험중심의 학습, 활동중심의 학습, 개별화학습, 아동의 주도적 학습, 과정중심의 평가로 대표될 수 있으며, 이러한 특징은 단지 유치원 교육에 머무르지 않고 전 교육기관으로 확산되어야 한다. 초등학교에서도 아동주도적 학습과 개별화 학습 등을 중점적으로 진행하고 있으나, 유치원과 비교하면 미흡한 상황이고 중등교육의 경우는 현실적으로 이러한 형태의 학습은 불가능하다.

오히려 유아가 아동으로 그리고 청소년으로 변화와 더불어 교육방법이 점점 교사주도적으로 그리고 교과서 중심의 학습으로 변해버리는 실정이다.

구성주의적 교육의 관점은 연령의 변화에 상관없이 학습자가 자신의 삶에 의미 있는 지식을 스스로 찾아야 함을 강조하고 있다. 그것은 단지 학교에서 교육방법의 관점이라는 의미 외에도 인간이 지식을 스스로 창조하고 타인과 나누는 가치 있는 삶의 한 방법이기 때문이다.

유치원에서의 자유롭게 그리고 자기 주도적, 아동중심의 개방적인 학습경험을 가진 유아들이 그러한 학습방법의 완전한 체득을 위하여 초등학교에서도 자발적이고 아동중심적인 학습방법이 지속되어야 한다.

③ 학제 간의 이해증대를 위하여 연계성이 필요하다

유치원과 초등학교의 아동들은 발달단계의 연속성과 유사성에도 불구하고 두 학제의 교육기관은 많은 차이를 보이고 있다.

유치원 교사와 초등학교 교사의 교류는 거의 없으며, 서로의 교육과정에 대하여 알지 못한다. 또 유치원과 초등학교는 교실의 분위기와 물리적 환경에도 많은 차이가 있으므로 교육 경험의 이질성이 존재하고 있다.

현행 학교 이전의 학교에서 어떠한 내용을 어떻게 배웠는지에 대한 이해가 선행되어야, 현재의 교육과정을 어떻게 구성할 것인지에 대한 아이디어가 뒤따를 것이다. 또한 이전 학교에서 어떤 분위기에서 어떤 방법으로 학습하였는지를 이해해야만 현재 학교교육의 방향성도 정확히 잡을 수 있다. 이러한 부분은 교육의 효율성 부분으로서 서로 다른 학제에 대한 적정 수준의 이해가 있어야만 효율성이 확보될 수 있다.

④ 교육과정의 연속성을 위하여 연계성이 필요하다

교육과정은 유치원은 초등학교와, 초등학교는 중학교와, 중학교는 고등학교와 자연스럽게 연결되도록 구성되어야 한다. 또한 이전의 학습 내용이 앞으로 학습할 내용과 연결되어 특정학습의 끝이 다른 학습의 출발점이 될 수 있어야 한다는 것이다.

> "교육과정의 연계성은 교과(교육내용)의 측면에서 교육내용의 조직의 논리성 확보와 더불어 학생의 측면에서는 학생들이 계속적인 성장을 발달을 돕고 사회적인 측면에서는 교육과정에서 경제성을 보장하여 궁극적으로는 공교육의 목표를 달성하기 위한 교육과정적 의의를 가지고 있다"(추지연, 2006; 한미라 · 이미경, 2001).

그리고 교육과정에는 무엇을 가르칠 것인가 하는 내용적 측면은 물론 어떻게 가르칠 것인가 하는 교수방법적인 측면도 포함된 교육내용이나 교수-학습 방법, 학습환경 등의 측면이 고려되어야 한다(임묘희, 2002). 즉, 교육과정의 연계성은 교육내용과 방법적인 측면을 모두 포함하고 있다.

(2) 연계성에 대한 인식과 연계성 확립 방법

초등 교사와 유치원 교사들의 경우 유아들의 성장과 발달의 지속성이나 교육효과의 효율성과 확산, 초등학교 입학 이후 심리적인 안정 등을 연계성의 필요성으로 인식하고 있다. 그러나 실제 연계성을 어떻게 확보할 것인가에 대한 구체적인 방안에 대해서는 현실적으로 어려움이 있다.

가장 먼저 언급되어야 할 것은 현장에서 직접 교육을 담당할 예비유치원 교사와 예비초등 교사 간의 서로에 대한 이해가 매우 부족하다. 교육과정이나 환경적인 특성, 수업의 형태에 대해서 체험하거나 알 수 있는 기회가 매우 부족하며, 그러한 것에는 우리나라 대학의 교원양성학과의 구조적인 문제도 크게 작용하고 있다.

유치원 교사 양성기관이 3년제, 4년제로 구분되어 있고, 초등교육과와 유아교육과로 나누어져 있으며, 교육대와 사범대, 교원대, 일반대의 초등교육과와 유아교육과로 나누어진 복잡한 구조 속에서는 서로의 교육과정과 교육적 특성을 이해하기가 매우 어려울 수밖에 없다.

교사로 근무하면서 서로의 교육기관에 자녀를 취원 · 취학시키는 입장인데도 불구하고 긴밀한 교육적 상호작용을 기대하기가 쉽지 않은 실정이므로 연계성 확보의 구체적인 실현 방법이 매우 모호하다.

따라서 대학의 교육과정에서 유치원과 초등학교의 다양한 영역에 대한 연계성 확보에 관한 과목을 개설하고, 교환수업이나 공동 세미나 등 예비교사들 간의 교류활동들이 있어야 한다. 또 졸업 후 서로의 교육과정에 대한 연수, 초등 교사와 유치원 교사의 공동연수 등을 실시하거나, 혹은 서로의 교육기관을 방문해서 체험할 수 있는 프로그램이 필요하다.

유치원과 초등학교의 연계성은 탑다운(top-down) 방식보다는 두 학과 간의 인적교류, 양쪽 교육기관 교사들의 교류부터 시작하는 이른바 바텀업(bottom-up) 방식이 더욱 효과적일 것이다.

유치원과 초등학교 연계성의 시작

2 유치원과 초등학교 교육과정 연계성

교육과정을 어떻게 조직하며, 그것을 교육현장에서 어떻게 전개해야 하는가의 문제에 대한 종합적인 이론을 처음으로 제시한 학자가 타일러(R. W. Tyler)이다. 그는 교육과정 속에 포함되어야 할 요소가 무엇이며, 그것들이 어떻게 관련되고 서로 구별될 수 있는가, 그리고 교육현장에서 하나의 교육과정이 어떻게 전개되어야 하는가의 문제를 체계적으로 정리하여 제시하였는데, 유치원과 초등학교 교육과정의 연계도 타일러의 교육과정 조직의 원칙이 기준이 되고 있다.

타일러는 교육과정 조직의 원칙으로 계열성의 원리, 계속성의 원리, 통합성의 원리 3가지를 제시하였다.

① 계열성의 원리: 교육과정의 내용조직이 선행학습을 바탕으로 다음 학습에서 단절되지 않도록 연결되어야 하며 간단한 것에서 복잡한 것으로, 구체적인 것에서 추상적인 것으로의 형태의 변화를 포함하여 심화되고 확대되어야 한다는 것이다.
유아가 특정 개념을 획득하였다면 초등학교에서는 그 개념이 부분에서 단순한 것에서 복잡한 것으로, 구체적인 것에서 추상적인 것

으로 심화되어야 한다는 것이다.

② 계속성의 원리: 반복성이라고도 하는데 교육과정의 내용조직에서 여러 요소가 반복적으로 계속 제시되어야 한다는 것이다. 즉, 교육내용이 학습자에게 반복적으로 제시되어야 교육내용의 내면화가 이루어진다는 것이다. 다만 그런 요소의 구분이 적절하게 이루어져 있어서 중복이나 비약없이 제시되어야 한다.

③ 통합성의 원리: 서로 다른 교과나 교과의 활동에 교육과정의 내용들이 수평적으로 연결되어 있는 것인데, 과학교과내용을 구성하고 있는 지식, 기능, 태도 등이 다른 교과의 그것과도 연결되어 있거나, 다른 학년의 과학교과 내용의 지식, 기능, 태도 등과 서로 긴밀하게 연결된 것을 말하며, 학습의 활동과 내용이 밀접하게 연관되어 통합적인 학습효과와 상호보완적인 효과를 가져와야 한다는 것이다.

유아발달의 모든 측면에서 초등학교와의 연계교육을 통해 교육 경험의 연속성, 반복성, 일관성, 통합성이 확보되어 발달에 적합한 교육이 지속적으로 유지될 수 있다. 이러한 연계성의 확보는 유치원교육이 생애 최초의 학교라는 출발선에서 유아기의 발달 영역 및 발달과업에 대한 바른 이해와 실천을 지원할 수 있다.

교육과정 운영의 측면에서 보면, 유치원과 초등학교의 연계성은 각 생활 영역의 내용 범위와 진술 범위에 따른 교육내용의 논리적 위계성을 확보하여 교육의 효과를 확산할 수 있다.

또한 교육기관에서 문서체제, 용어사용, 진술 방식 등 가시적인 형식상의 연계성 강화를 통해 현장에서의 불필요한 용어와 명칭의 혼란과 중복을 피할 수 있다.

결론적으로 유치원과 초등학교의 연계성 확보를 통하여 첫째, 교육내용 선정과 조직에서 계속성과 계열성이 확보되어 각 학제에 포함된 아동들의 발달단계에 적합한 교육을 할 수 있다.

둘째, 유치원과 초등학교 교육과정의 교과연계성의 확보는 교육의 일관성과 계속성을 가지도록 해 주며, 그에 따라 교육내용이 점차 심화, 확장될 수 있다.

셋째, 교육기관의 행정적인 측면에서도 문서체제의 정비, 용어의 통일을 통해 유치원과 초등학교 교사 간의 교육과정에 대한 이해를 서로 높일 수 있다.

물론 이러한 점은 유치원 교사 양성기관과 초등학교 교사 양성기관과의 교류는 물론 유치원과 초등학교의 실질적인 협력이 구체적으로 실현된 상태를 전제로 한다.

넷째, 연계성의 확보를 통하여 발달에 대한 양쪽 교육기관의 교사들이 서로의 교육과정에 대한 이해를 높여 교육과정의 내용구성에 있어서 타당성과 적합성을 높일 수 있다.

3 연계성과 모방

초등교육은 초등교육 나름의 특성이 있으며, 유아교육은 유아교육의 고유의 특성이 있으므로 연계성이 확보된 상황에서도 각 교육기관의 독자성은 가지고 있어야 한다.

최근 교육현장에서 급격히 늘어난 말이 경쟁력의 확보를 위한 시스템의 구축이다. 많은 영유아교육기관에서 행정적인 측면에서 운영의 체계적인 절차와 의사결정 매뉴얼의 작성, 문서의 표준화 등에 많은 노력을 기울이고 있다.

그러한 시스템의 정착은 운영 질적 측면에는 많은 도움을 주는 것이 사실이다. 또한 교수-학습의 방법이나 내용의 측면에서도 많은 변화를 겪고 있는데, 초등학교에서 실제로 운영되거나 적용되던 교수-학습모형을 적용하는 등 교수-학습의 체계성과 효과성을 확보하여 전반적인 유아교육의 질적 향상을 위하여 많은 노력을 기울이고 있다. 그러한 노력들이 유치원의 교수-학습의 질적인 향상에 많은 도움이 될 수도 있을 것이다.

그러나 두 학제 간에 어느 한쪽이 다른 한쪽을 과도하게 답습하려는 경향도 존재한다. 우리나라의 초등교육의 경우 일제 강점기 시대부터 정부의 주도하에 체계성을 확립하였기 때문에, 당연히 시스템이나 운영면에서 효율성을 확보하고 있으며, 교육의 질적 우수성도 갖추고 있다.

그러나 우리나라의 유아교육 또한 역사적으로나 질적으로 초등교육에 뒤지지 않는 양적·질적인 성장을 해오고 있다.

유아교육은 초등 이전의 가장 광범위한 교육기관이다. 오늘날 영유아교육기관에 입학하는 영유아들은 거의 4년 정도를 유치원이나 어린이집에서 보내게 된다. 시간적인 면에서도 영유아들이 유치원이나 어린이집에서 보내는 시간도 점점 길어지고 있다. 이러한 점을 고려하면 우리나라의 유치원과 어린이집은 교육기관 특유의 전통과 교육철학을 형성하기에 충분한 자격이 있다.

유아교육과 초등학교의 연계성은 확보되어야 하지만 어느 한쪽이 다른 한쪽을 똑같이 모방할 필요는 없다.

교육학도라면 누구나 잘 알고 있는 교육공학이나 교수공학이라는 용어를 살펴보면 효율성을 전제로 하고 있음을 알 수 있는데, 효율성을 위한 교육이 교육의 질을 보장하지는 못한다. 효율성은 사실 집단과 경쟁이란 것이 전제되었을 때 필요한 것이다.

초등교육 역시 점점 아동들의 지적능력에 치중되는 경향이 확대되고 있으며, 단지 중학교의 준비단계 교육으로 진행되는 경향이 강해지고 있다. 유치원 역시 유아들이 해야 할 활동이 점점 많아지고 있으며, 영역별로 세분화되는 경향을 보이고 있다.

생의 초기에 이루어지는 유아교육은 단지 지적능력뿐 아니라 전인적인 영역의 발달이 전제되어 있으며 이것은 개별적인 영역의 분류에 의한 교육보다는 일상에서의 작은 경험들의 축적에 의미가 있으며, 발달의 초기 단계에서의 풍부한 경험의 통합과 재구성이 궁극적인 목표이므로, 초등학교와는 모든 면에서 차이가 있으며, 그 자체로도 독자성을 유지할 수 있다.

우리나라 최초의 초등학교와 유치원

서울 종로구에 있는 교동초등학교는 우리나라 최초의 근대식 초등학교이다. 1894년(고종 31년)갑오개혁기에 설립된 초등학교이다. 당시의 이름은 관립교동소학교였다. 지금으로 보자면 최초의 공립초등학교이다. 원래 관립교동 왕실학교라는 이름으로 개교했는데 그 당시는 왕실의 종친과 귀족 자제들만 입학할 수 있었다. 1895년 5월에 '소학교령' 및 '한성사범학교관제'에 의거해 관립 한성사범학교 부속소학교(부속초등학교)로 지정되었는데, 이때부터 일반인들도 입학이 허용되었다. 1906년 9월, 일본의 통감정치 시기에 '보통학교령'에 의해 관립교동 보통학교로 개칭했다.

우리나라 최초의 유치원은 1897년에 설립된 부산유치원이지만 한국에 거주하는 일본인의 자녀들을 위하여 세워졌고, 1909년 한국인들의 입학이 허용된 최초의 유치원은 나남유치원이다. 물론 교사는 일본인들이었다고 한다. 그 뒤 1914년 이화유치원이 선교사들에 의해 설립되었고, 1916년에 중앙유치원이 설립되었다.

설립주체가 누구냐, 무슨 목적으로 설립되었는가, 또 교사와 학생은 누구였느냐에 따라서 최초라는 타이틀이 바뀌기도 하지만, 분명한 것은 초등학교 못지않게 우리나라 유치원 교육의 역사도 오래되었다는 것이다. 강산이 열 번이 바뀌고도 남을 세월 동안 우리나라의 유치원은 꾸준히 발전해 왔다고 할 수 있다.

초등교육이 국민의 기본교육이라는 인식과 우리나라의 경제개발 시기에 중요한 인적 자원을 양성한다는 측면에서 국가의 체계적인 지원을 받아서 발전한 반면, 유치원은 뜻있는 교육자들이 유아교육의 중요성을 인식하고 개인의 노력을 통해서 발전해 온 것이다.

백여 년이 넘는 전통을 가진 우리나라 유치원이 유아교육 주체들의 노력으로 발전해 온 만큼, 독자적인 전통과 고유의 특성을 가진 프로그램과 학습방법의 개발에 노력을 기울일 필요가 있다고 생각된다.

유치원은 초등에 앞선 최초의 형식적 교육기관이기 때문에 보편적인 특성이 있어야 함은 당연하다. 그러나 보편성만을 추구하여 일률적인 기준에 맞추다 보면 'The Best' 프로그램이 나오지 못할 가능성도 있다. 레지오 에밀리아 학교를 생각해 보면 작지만 강한 학교이며, 지역사회와 지역주민의 일상에 뿌리 내린 프로그램이지만 세계적인 프로그램으로 인정받고 있다.

학부모들의 교육열이 강하고, 유아교육 교사의 자질이 우수하며, 100년이 넘는 전통을 가진 우리나라의 유치원에서, 1945년 이후에 등장한 레지오 에밀리아 같은 프로그램이 아직 나오지 않고 있다는 것은 어떤 이유에서인지, 생각해 볼 필요가 있다.

4 과학교육의 연계성

과학교과는 내용의 논리성과 추상화의 정도가 높아질수록 위계성이 두드러지게 나타나는 영역이다. 따라서 다른 영역의 연계성보다는 과학교육과정에서 연계성 확보가 다소 유리하다고 할 수 있다.

누리교육과정과 초등과학교육의 연계성 연구자들은 자연탐구영역의 경우 초등 1, 2학년 연계성은 비교적 높다고 판단하고 있다. 그것은 과학이라는 영역의 위계적인 특성 때문이기도 하다. 다만 세부적인 부분, 즉 성취기준의 명확한 제시나 학습방법 등에서 연계성이 취약하다고 지적하고 있다.

즉, 초등학교와 중등학교의 경우 성취기준이 명확하게 제시되고 있으나 유치원의 경우는 그렇지 못하다는 것인데, 이것은 유치원교육의 특성이기도 하다.

과정중심의 유치원에서 성취기준을 명확히 한다는 것은 구조화된 평가실시를 전제로 하는 것인데, 그러한 형태의 평가는 유아교육의 본질을 흐리게 할 가능성이 높으며 자칫 유아들을 서열화하는 위험성을 내포하고 있다.

유치원에서도 성취기준의 구체적인 제시는 가능하나 기준달성을 어떻게 확인하느냐에 달린 문제이다.

과정적 평가를 중요시하는 유치원교육과정에서 성취기준을 명확히 하고 달성 정도를 측정하기에는 다소 무리가 있다고 하겠다.

내용적인 측면에서도 유사한 맥락이다. 초등과학교육의 경우 좀 더 구체적인 과학기술에 대한 내용이 언급되고 있는 반면에, 유아과학교육에서는 가장 기초적인 과학적 개념의 획득에 치중하고 있으며, 그 개념이 구체적인 과학기술과 연계되기에는 거리가 다소 있다는 것이다.

그 개념이 구체적인 과학기술과 연계되기에는 거리가 다소 있다는 것이다.

과학적인 개념은 실제의 다양한 경험의 축적을 통하여 구성되므로 실제적이고 구체적인 과학기술의 연계성이 미비하면 개념의 확장에도 무리가 있을 수 있다.

유아교육과 초등교육의 연계성의 확보라는 거창한 모토를 앞세우지 않더라도, 유아기교육에서 자연스러운 아동기교육으로의 전환 이라는 측면에서 본다면 이러한 교육과정에서의 거리는 유치원과 초등학교사들, 유아교육과와 초등교육과가 서로의 교육과정을 이해하는 작지만 실제적인 노력으로 좁혀져야 할 것이다.

글쓰기 연습을 겸한 요약 및 복습 5

기술과 서술의 차이점	
서술	기술보다 넓은 의미로 어떤 사실에 대한 특징을 순서대로(시간적, 인과적) 적어나가는 것. 글쓴이의 주관적 관점이 논리에 따라 드러나야 한다.
기술	어떤 대상에 내용이나 특징들을 열거하여 쓰는 것을 말한다. 글쓴이의 주관적 관점은 배제된다.

1. 기술 및 서술과제

과제 1	유치원과 초등학교의 연계성이란 무엇인지 기술해 봅시다.
과제 2	유치원과 초등학교의 연계성이 왜 필요한지 기술해 봅시다.

2. 키워드를 따라가는 학습

다음 키워드의 뜻이나 정의를 써 보거나 설명해 봅시다.

계열성의 원리	
계속성의 원리	
통합성의 원리	

CHAPTER 6

과학적 개념의 습득

굳이 과학적이라는 영역을 한정짓지 않아도 인간의 학습에서 개념은 매우 중요하다. 그리고 더욱 중요한 것은 개념을 획득하기까지의 과정이다.

개념은 범주화된 지식이며 지식표상의 기본단위이기는 하지만 그 자체가 특정한 사물의 정의나 뜻은 아니다. 유치원 교사들을 대상으로 하는 많은 유아과학교재들이 학습의 구체적인 목표로서 과학적 개념의 형성과 확장이라는 주제를 다루고 있다.

유아기에 있어서 개념의 형성은 매우 빠른 속도로 진행된다. 유아는 자신의 과거경험과 현재의 새로운 경험을 의미 있게 연결시켜 재구성하려고 노력하며, 이에 따라 처음에 형성했던 모호하고 미분화된 개념들이 차츰 명료해지고 분화되어 간다.

이렇게 형성된 개념은 점차 단순한 상태에서 점차로 복잡해지고, 구체적인 것에서 추상적인 것으로 발전하게 된다. 유아의 과학적 개념은 발달 초기에 접했던 일상과 자연에 대한 표상이 형성된 뒤, 누진적이고 위계적인 과정을 통하여 발달한다.

1 개념의 형성

인간이 학습을 한다는 것은 개인의 경험과 그 경험을 새롭게 재구성한다는 것이다. 물론 구성주의적 입장에서는 그 의미는 매우 주관적이고 개인적인 것이다.

인간학습의 메커니즘을 잘 설명한 피아제(Piaget)의 인지발달론은 유아교육 전공자들에겐 교과서나 다름없을 것이다. 학습의 기제로 동화와 조절, 평형화 등은 잘 알려져 있으며 학습 기제의 전제조건은 학습자가 그를 둘러싼 외부의 환경과 상호작용하는 것이다.

개념은 하나의 특정 사물이 아니라 다양한 사상들의 공통되고 추출된 특징을 말하며 범주화된 지식으로서, 범주화(categorization)는 과학교육에서 가장 중요한 과정 중의 하나이다. 사물이나 현상의 공통점과 차이점을 구별하고 분류하여 범주화하는 것이 곧 개념을 형성하는 것이라고 할 수 있는데, 개념의 형성은 유사하거나 이질적인 경험들에 근거하여 이루어진다.

개념의 형성과정을 간단히 살펴보면, 개념은 경험의 축적을 통하여 형성되는데, 학습자가 직면한 경험은 내부적인 표상(구조)을 만들게 된다. 그 표상은 학습자가 직면했던 외부환경을 반영하고 있으며, 학습자의 인지구조와 환경을 연결하는 고리가 된다.

헬포드(Halford, 1991)는 "표상은 그림이나 사진과 같은 고정된 형체가 아니다"라고 하였는데, 그것은 표상이 우리가 생각하는 것처럼 시각적인 것이 아니고, 학습자 내부의 인지구조에 의해 만들어진 산물로서 유동적인 성격을 지니고 있음을 암시하고 있다. 그리고 학습자가 만들어낸 표상들 간에는 추론(inference)이라는 아주 중요한 인지적인 작용이 이루어지고 있다.

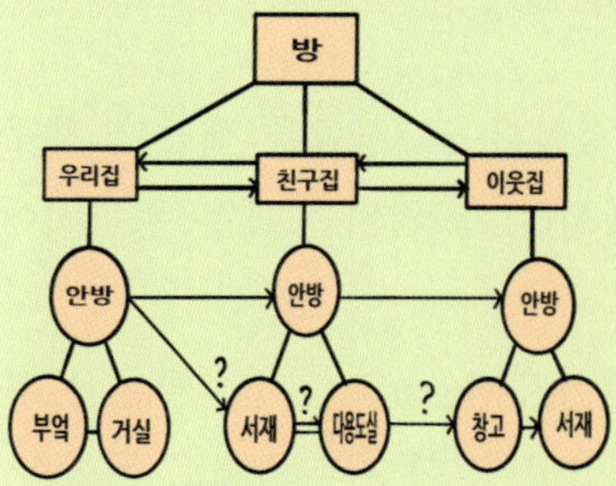

개념은 인간의 의식 속에 내재한 보편적인 관념의 틀이라고 할 수 있다. 여러 가지 다양한 표상들을 비교하여 공통적인 특징을 선택하여 만들어진다.

즉, 여러 가지 개별적 현상을 보편화시킨 것으로 관계성의 파악이 개념형성의 핵심적인 역할을 한다.
유아들이 사물과 현상에 대하여 정확한 개념을 형성하면 과학적 이론을 만들어 낼 수 있는 근거가 된다.

개념의 형성과 확장

예를 들면, 유아가 자기 집에 있는 방을 알게 되면서 거실, 안방, 부엌, 화장실, 다용도실 등의 내부적인 표상을 만들고, 계속해서 다른 친구의 집이나 유치원, 친척집 등에서 자기집과 유사하거나 동일한 기능의 방들을 확인한다. 그리고 방들을 형태나 쓰임새, 부속된 가구 등에 의해서 특징짓게 된다.

각 방들의 특징이나 차이점 같은 정보를 유아가 머릿속에서 분류하고 재분류하면서, 방(room)이라는 개념을 형성하고 동시에 용도(혹은 자신만의 고유한 기준에 근거하여)에 따라 방들의 범주화를 시도하게 된다. 이렇게 하여 방이라는 특정한 사물에 대하여 개념을 형성하게 된다. 또 날씨나 기후 같은 개념도 비오는 날이나, 눈오는 날 같은 구체적인 경험이 축적되고 분류되면서 점차 형성된다.

개념은 하나하나 떨어져 있는 낱개의 지식이나 사실이 아니다. 그렇다고 해서 원칙 없이 뭉쳐진 지식의 덩어리도 아니다. 개념은 개별적인 지식의 복잡하지만 잘 조직된 네트워크이며, 인지적인 갈등과 추론 같은 고도의 지적능력의 작용으로 형성된다.

2 개념의 확장

유아는 환경과의 상호작용을 통하여 표상을 만들어내게 되고, 그러한 표상들이 축적되고 서로 연결되어서, 추론을 통하여 범주화되면서 개념을 형성한다.

이러한 개념들은 다시 분류되고, 새로운 정보가 유입될 때 재분류되고, 유아들의 사고 속에서 개념의 네트워크를 형성하게 된다.

개념의 네트워크는 끊임없이 환경과 상호작용하면서 경험하는 사물이나 현상에 대한 경험을 재구성해서 분류하고 재분류하면서 점점 더 커지고 복잡하게 변화한다.

이러한 개념형성의 메커니즘을 생각해 보면 우리는 유아과학교육을 포함해서 다른 영역의 학습에서 매우 중요한 세 가지의 개념형성 요소를 발견하게 된다.

(1) 사전지식의 중요성

처음에 유아들이 가진 개념의 네트워크는 매우 작은 눈송이에 불과했다. 그러나 그것이 환경이라는 눈밭에 구를 때마다 점점 더 커지게 된다. 만약 처음부터 눈송이가 매우 크다면 그것은 땅을 구를 때마다 점점 더 빠르게 커지게 될 것이다.

사전지식이 많다는 것은 그만큼 외부의 환경에 접촉하고 정보를 얻을 수 있는 일종의 안테나가 많다는 것을 의미한다.

사전지식은 유아가 살고 있는 가정환경이나 놀이하는 환경 등에서 차이가 있을 수 있으며, 주위의 환경과 얼마나 어떻게 밀접하고 의미 있게 상호작용하느냐에 따라서 양적으로 질적으로 차이가 난다. 한번이라도 직접 보았던 것이나 경험한 것과 그렇지 않은 것과는 차이가 있을 수밖에 없다.

물론 유치원 취학연령 아동 간의 경험의 차이가 의미 있게 존재할 것인가에 관한 의문을 가질 수도 있다.

그러나 우리사회의 다양성은 수평적인 부분에서도 넓어지고 있지만 수직적으로도 깊어지고 있다. 서로 다른 가정 환경은 문화적인 영역에까지 영향을 줄 수밖에 없는 상황이고 유아들이라도 할지라도 그 영향에서 자유로울 수는 없다. 유아들이 대부분의 시간을 보내는 곳은 유치원이 아니고 가정이다. 따라서 가정에서 유아들이 어떠한 경험을 가질 수 있느냐? 혹은 부모들이 유아들에게 어떠한 지적, 정서적 경험을 줄 수 있느냐는 매우 중요한 변수이다. 이러한 측면에서 본다면, 동일한 연령대의 아동들이라 할지라도 경험의 차이는 반드시 존재한다고 할 수 있다.

(2) 개념형성의 장(field)으로서의 일상

유아는 타고난 탐색자로서, 환경을 스스로 적극적으로 탐색한다. 유아들이 사물과 현상에 대한 개념은 자기를 둘러싼 환경에서부터 형성이 된다. 유아들의 일상은 하나의 교과서이며 지식의 창고이다.

2장에서 동물원에 간 유아에 대한 이야기를 상기해 보면, 부모들은 유아교육에 대하여 매우 신중하고 긍정적으로 생각한다. 유아교육의 중요성을 깨닫고, 영역별 발달에 대한 정보와 프로그램을 직접 탐색하기도 하고 체험이나 견학에 적극적이다. 또, 미디어와 소셜 네트워크의 발달은 육아에 필요한 수많은 고급정보를 부모들에게 제공하고 있다.

유아는 타고난 호기심으로 부모가 전해 주는 여러 가지 경험들을 적극적으로 받아 들이지만 반드시 그러한 경험들이, 유아들의 일상을 벗어난 특별한 장소에서 제공되어야 할 필요는 없다. 유아는 항상 부모와 교사가 예상하지 못했던 것에서부터 자신의 재미와 즐거움을 찾는 능력이 있다.

유아들의 일상이 다양한 변화를 보여주는 사물과 사람들과의 활발한 상호작용으로 가득 차 있다면, 유아는 스스로 그것들에 대한 개념을 형성할 수 있다.

(3) 유아들의 틀린 생각 및 서로 다른 생각의 중요성

유아들이 사물이나 현상에 대하여 어른들(교사, 전문가)과 다른 생각을 보여주었을 때 흔히 틀렸다고 말하기도 한다. 어떤 부모들은 유아들이 생각이 틀렸으며, 그것을 수정하기 위하여 가르치거나 새로운 정보를 주기도 한다.

유아들이 사물이나 현상에 대하여 형성하는 오개념(misunderstanding)은 어른들의 입장에서는 잘못되었다고 생각할 수도 있다.

그러나 유아들이 오개념을 형성한다는 것은 사고작용이 활발하게, 그 연령과 발달수준에 적합한 형태로 작용하고 있는 것을 증명하고 있는 것이며, 교사의 적절한 피드백과 다른 유아들과의 상호작용은 오개념을 수정하도록 도와준다.

유아들의 오개념은 틀린 것이 아니고, 오히려 유아들이 사물과 현상을 바라보는 나름대로의 관점을 가지기 시작했다고 보는 것이 옳으며, 올바른 개념을 형성하기 위한 기본적인 베이스를 스스로 만들었다고 생각해야 한다.

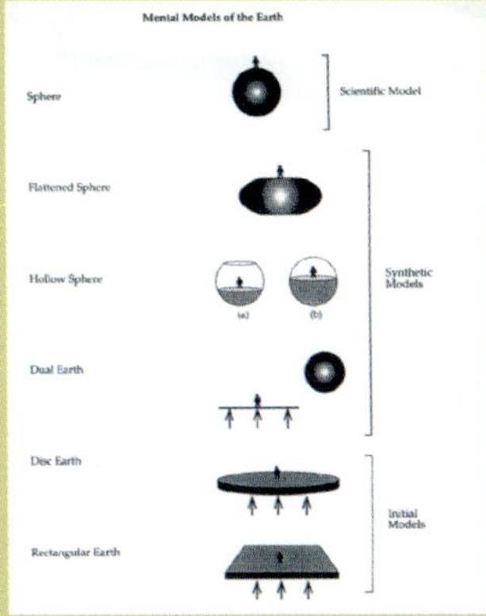

Vosniadou & Brewer(1992)

유아들은 경험과 관찰에 근거한 사전지식과 사회.문화적 영향으로 사물과 현상에 대하여 나름대로의 멘탈모델을 구성한다. 왼쪽그림은 유아들이 그린 지구의 모양에 관한 모델이다. 초기의 모델은 지구가 평평하다는것에서 시작하고 점차 둥근 모양으로 변해가는것을 알수 있다

오개념의 수정

같은 교실의 유아들 간에도 생각이 서로 다를 수 있다. 교사나 부모는 이것을 어떤 유아는 바른 개념을 형성했고 어떤 유아는 오개념을 형성했다 라고 판정하는 오류를 범해서는 안 되며, "각자의 환경에 대응하여 그에 적절한 인지구조를 형성했다"고 보아야 한다.

유아는 자기가 알고 있는 것에 근거하여 나름대로의 개념을 형성했을 뿐이다. 그리고 교사는 "내가 잘못 가르쳤나?"라는 생각을 할 필요는 없다. 유아들의 생각이 서로 다르다는 것은 오히려 유아들이 다양한 관점을 가지고 있다는 것이므로 교사의 교수활동이 오히려 유아들의 개별적인 맥락을 잘 반영했다고 보아야 할 것이다.

구성주의적 관점에서 교육은 상호작용을 강조한다. 서로 다른 생각은 상호작용을 통하여 수정될 수 있다. 유아와 유아, 유아와 교사는 상호작용을 통하여 서로의 인지를 공유할 수 있으며, 오개념은 서서히 수정되게 된다. 따라서 오개념의 형성과 상호작용을 통한 수정은 매우 의미 있는 학습의 과정이다.

3 귀납적 추론과 연역적 추론

앞에서 개념형성의 예로 제시된 방(room)의 개념을 형성할 때 일어나는 인지작용이 추론이다. 추론은 여러 가지 증거로부터 결론을 도출하는 과정이다. 유아가 형성한 개별적인 표상은 추론을 통하여 연결되며 표상과 표상의 관계성을 형성하게 된다.

개별적인 경험에서 만들어진 학습자의 표상은 동일하거나 유사하거나 혹은 완전히 다른 경험들을 접하면서 분류되고 범주화된다. 즉, 과거의 축적된 경험을 토대로 새로운 경험과의 공통점과 차이점을 확인하고 개념을 형성하기 시작하는데, 유아가 다양한 경험을 하면 할수록 질과 양적인 면에서 증가한다.

일반적으로 추론은 연역적 추론과 귀납적 추론으로 나뉘는데, 과학의 발달에는 두 가지의 추론 방법이 많은 공헌을 한 것이 사실이다.

(1) 연역적 추론

한 가지 이상의 일반적인 전제에서 구체적이고, 개별적인 문제에 대하여 논리적으로 타당한 결론을 이끌어내는 것이다. 우리가 흔히 삼단논법으로 부르는 것이 가장 전형적인 방법이다. 예를 들면 "A는 B와 같고, B가 C와 같다면, A와 C는 같다"라는 명제가 삼단논법이다.

학생들이 수업시간에 배우는 내용 중에는 일반적인 개념이 먼저 제시되고, 그 다음 구체적인 예가 제시되며, 마지막으로 결론을 도출하는 경우가 많다.

예를 들어, 과학 시간에 교사는 "모든 생물은 먹이를 섭취함으로써 에너지를 만들어 낸다"는 일반적인 개념 혹은 가설을 제시하고, 학생들이 사람과 동·식물이 생존하는 구체적인 방법과 사례 등을 탐색하여 제시하고 사례들을 분석하여 모든 생물은 영양분을 섭취한다는 결론을 내리는 형태가 연역적 추론이라고 할 수 있다. 그러나 연역적 추론에서 허점은 가설이나 개념, 명제가 만약 거짓일 경우에는 문제가 발생한다. 보통의 호랑이를 늘 보아온 아이가 "모든 호랑이는 황색의 몸에 줄무늬가 있다"라고 가설을 세우고, "인도의 호랑이는 황색의 몸에 줄무늬가 있다. 러시아의 호랑이도 황색 몸에 줄무늬가 있다"라는 근거를 들었는데, 만약 알비노 호랑이(흰호랑이)를 목격하게 된다면 그것은 가설, 즉 대전제가 잘못된 것이고 추론은 틀린 것이 된다.

알비노 증후군

알비노는 선천성색소결핍증(congenital albinism)이라고 하는데 유전자의 돌연변이에 기인하는 난치성 질환이다. 멜라닌 세포에서 멜라닌 합성이 결핍되는 선천성 유전질환으로 말 그대로 피부와 눈, 털 등에서 백색증상과 시력저하증상이 나타는 것을 현상을 말한다.

사람의 경우 머리털, 눈썹, 심지어는 속눈썹까지도 흰색으로 변하는 일종의 질병이다. 알비노는 동물에게도 존재하는데 야생에서는 위장 효과와 시력, 그리고 면역이 떨어지므로 생존 확률이 매우 낮다. 문화적 관습에 의해 특정 동물의 경우, 우대받거나 좋은 일이 일어날 징조로 여겨지기도 한다. 우리나라도 흰색 동물을 보면 길조라고 여기기도 한다.

그러나 아프리카의 흑인 알비노들은 잘못된 미신에 의해서 일상에서 엄청난 위험에 처해 있다. 알비노 흑인의 신체 일부를 소유하고 있으면 부자가 된다. 라는 잘못된 믿음으로 인해서 알비노 아이들의 신체 일부를 절단하거나 납치하는 어이없는 일들이 벌어지기도 한다.

세계의 모든 나라, 모든 문화권에서는 고유의 미신이 존재하며 사람들의 일상에 강하게 영향을 주고 있다. 과학이 고도로 발달한 현대사회에서도 이런 일들이 벌어진다는 것은 그러한 미신들이 세대에 전승되고 있는 맹신임을 짐작할 수 있으며 좀처럼 사람들의 마음속에서 사라지지 않는다는 것을 알 수 있다. 어쩌면 이런 일들이 단지 기능적인 부분이 아닌, 태도와 사고방식을 강조하는 일반적인 과학교육의 당위성을 강하게 만들어 주고 있는지도 모른다.

(2) 귀납적 추론

구체적인 사실이나 관찰로부터 합리적이고 일반적인 원리나 결론을 도출하는 방법을 말한다. 다시 말해, 특수한 것에서 일반적인 것으로 나아가는 과정이다. 귀납적 추론에는 충분한 수의 개별적인 사례를 검토하여 나머지 모든 사례도 같으리라는 결론을 이끌어내는 일반화와 두 가지 사례가 특정한 부분에서 비슷하므로 나머지 부분도 비슷하리라고 추측하는 유추가 있다. 이것은 관찰된 사실로부터 보이지 않는 사실을 이끌어낼 수 있으므로 과학적 이론의 형성과 밀접한 관련이 있다.

학급의 수업시간에서 전통이라는 개념을 학습해야 한다면, 학습자들이 전통이라는 추상적인 개념에 대한 정의와 속성을 사전에 학습한다고 해도 유의미하게 이해하기는 어려울 것이다. 이러한 경우 전통이 가지고 있는 속성을 반영한 구체적인 사례나 실생활에서의 예시인 제사, 결혼식, 명절의 차례 지내기 등을 다양하게 학습한다면 구체적인 사례들이 가지고 있는 공통점에 근거하여 전통이라는 개념을 이해하기가 훨씬 쉬울 것이다.

(3) 개념형성의 촉진방법

전통적으로 과학지식은 귀납적인 방법으로 형성되어 왔다. 유아들의 과학개념도 마찬가지이다. 일상의 작은 개인적인 체험에서부터 과학적 개념형성의 기초가 만들어진다. 유아과학교육이라는 한정된 영역뿐만 아니라 유아교육의 모든 영역에서도 개념의 형성방법에서 가장 중요한 것은 직·간접적으로 개별유아의 경험이 매우 중요하다는 것이다.

유아들의 개념형성은 개별적인 사물이나 현상의 직·간접체험의 다양성에서 시작되어야 하며, 교사들은 어떻게 하면 그러한 체험을 양적으로 풍부하게 제공할지를 고민해야 한다.

① 주제가 된 사물이나 현상에 대한 실제 사례나 개인의 경험이 양적으로 풍부해야 한다

교실이든 가정에서든 유아들이 특정 주제와 연관된 사물이나 현상을 가능한 한 많이 체험하고 경험할 수 있도록 해야 한다. 부모와 함께 일상에서의 많은 경험과 유치원에서의 경험이 양적으로 풍부할 수 있도록 해야 한다.

② 유아들이 경험한 사물이나 현상을, 특정한 근거나 기준을 가지고 분류할 수 있도록 한다

부모나 교사는 유아들과 혹은 유아들이 서로 상호작용하면서 분류 근거나 기준을 서로 나눌 수 있도록 해야 한다. 풍부하게 수집된 경험이나 사례 등을 체계적으로 조직할 수 있도록 가정에서나 학급에서 체계적인 안내를 해야 한다.

③ 분류 활동으로 조직화된 경험을 근거로 원리나 법칙을 만들 수 있도록 한다

원리나 법칙을 언어적으로 진술할 수 있도록 하고, 그러한 원리와 법칙을 다른 경험에도 적용하는 일반화 능력을 기를 수 있도록 한다.

유아들에게 과학적 개념은 교과서를 통하여 가르칠 수 없으며, 교사의 설명으로 형성될 수 없다. 유아의 과학활동이 유아의 일상이므로 일상에서의 수많은 체험과 경험이 과학적 개념의 형성을 돕는다.

글쓰기 연습을 겸한 요약 및 복습 6

기술과 서술의 차이점	
서술	기술보다 넓은 의미로 어떤 사실에 대한 특징을 순서대로(시간적, 인과적) 적어나가는 것. 글쓴이의 주관적 관점이 논리에 따라 드러나야 한다.
기술	어떤 대상에 내용이나 특징들을 열거하여 쓰는 것을 말한다. 글쓴이의 주관적 관점은 배제된다.

1. 기술 및 서술과제

과제 1	유아들이 어떻게 개념을 형성하는지 기술해 봅시다.
과제 2	연역적 추론과 귀납적 추론을 비교하여 기술해 봅시다.

2. 키워드를 따라가는 학습

다음 키워드의 뜻이나 정의를 써 보거나 설명해 봅시다.

개념	
오개념	
오개념의 수정과정	

CHAPTER 7

과학적 과정기능

과학교육의 관점은 크게 2가지로 나눌 수 있는데, 하나는 내용을 강조하는 것이고, 다른 하나는 과정을 강조하는 입장이다. 즉, 이것은 무엇을 어떻게 가르칠 것인가 하는 문제이지만, 구성주의적 과학교육의 입장에서는 내용을 획득하기 위하여 과정을 강조하기 때문에 굳이 구분하기보다는 과정에서 훌륭한 스킬을 체득한다면 획득하는 지식 또한 그에 상응한 것이라는 전제를 할 수 있다.

특히 유아교육에서 유아들의 활동 중에서 스스로 발견하는 지식의 가치가 가장 가치가 있으며, 그 지식이 정확한 지식인가? 하는 문제보다는 발견의 과정이 체계적이면서도 다양한가, 그리고 논리적이고 합리적인가 하는 것이 더욱 중요하다.

유아들이 과학활동을 하는 과정이 곧 지식이 될 수 있으며 교사에 의해 정교하게 조직된 발견의 과정(탐구의 과정)을 경험하는 것이 곧 과학교육의 내용이 될 수 있다.

유아의 과학적 과정기능은 조작기능과 사고가 결합된 통합적인 인지능력으로서 유아의 학습에 중요한 역할을 한다. 과학적 과정기능은 과학영역의 학습목표를 달성하기 위하여 학습의 과정 중에 사용하는 기능이나 기술을 지칭하는 말이다. 탐구기능은 일반적으로 과학의 영역에서 정보를 수집하고 그것에 근거하여 적절한 지적 판단을 내릴 수 있는 정신적 · 물리적 능력이 통합된 고등의 정신기능이다.

할렌(Harlen, 1999)은 Process Skill을 정신적 · 신체적 기능이라고 정의하고, 탐구기능은 인간의 전생에 걸쳐 계속 발달되어야 하며 탐구기능을 측정하는 목적은 단순히 학습자의 능력 파악에서 그치지 않고 학습을 도와주는 정보를 획득하여 사용할 수 있도록 하는 것이라고 하였다.

유아과학교육의 목표가 과학적 소양(scientific literacy)을 함양하는 것이기 때문에 과학적 탐구기능은 단순한 조작의 기술이나 탐구행동 그 자체가 아니고 유아의 사고능력 신장과 멘탈모델(mental model)을 확장시키고, 세련화시키는 중요한 학습의 과정이며, 사물이나 현상에 관한 정보를 처리하는 정신적 기능을 훈련하여 합리적이고 논리적인 사고력을 획득하는 통합적인 과정이라고 보는 것이 더 적절하다. 그러한 과정의 첫 단계는 유아들이 사물과 현상에 직면하여 그것에 대한 과학적 개념을 형성하는 것이다.

그러나 과학적 개념은 단일한 요소가 아니고 지식들 간의 연결로 이루어진 일련의 범주화된 지식들로 이루어져 있으며, 개념의 습득을 위하여 필수적으로 사용되어야 하는 것이 과학적 과정기능이다.

1 유아들의 특성과 과학적 과정기능의 관계

개념을 습득하기 위해서는 유사하거나 이질적인 사물과 현상에 대한 경험들이 지속적으로 중첩되어야 하는데, 사물이나 현상에 대한 다양한 경험과 동시에 경험을 선별하고 요약하고 정리하고 재구성하여 관계성을 이해하는 인지적 과정들이 필수적이다. 따라서 가능한 한 많은 과정기능 들을 사용하고 그 사용방법이 적절하다면 그만큼 개념의 획득이 양적·질적인 면에서 증가할 수 있을 것이다.

(1) 과학적 과정기능은 유아들의 지각 지향적 특성을 최대한 활용할 수 있게 하는 도구이다

유아들에게 환경을 탐구하기 위하여 가장 먼저 필요한 것은 감각이다. 유아들은 오감을 통하여 주변을 탐색하고 점차 그 범위를 넓혀가므로 구체적인 사물이나 환경을 직접 경험하는 것이 과학적 지식을 형성하는 첫걸음이 된다. 그러한 과정에서 과학적 개념 획득을 위하여 유아들에게 적합한 도구가 과학적 과정기능이다.

(2) 과학적 과정기능은 개념형성과 수정에 필수적인 지적도구이다

유아들이 사물이나 자연현상을 접하고 자발적으로 탐색을 시작할 때, 그것을 도와주는 것이 과학적 과정기능이며, 때로는 유아들이 오개념을 만들기도 한다. 오개념의 수정에는 새로운 정보의 획득과 관찰, 비교, 분석 그리고 다른 사람과의 상호작용을 통한 지식의 공유 등의 과정이 필수적이다. 그러한 과정기능의 활용은 유아들이 직면한 사물이나 현상에 대하여 형성한 최초의 표상들을 수정하고, 새롭게 만들어 내기 위한 결정적인 역할을 한다.

(3) 과학적 과정기능은 놀이화할 수 있는 특성을 가지고 있다

일반적으로 과학적 과정기능은 과학자들이 문제해결에 사용하는 지적·신체적 기능이지만 대상을 관찰해서 특징을 이야기하거나, 측정해서 비교해 보기, 추론을 이용한 알아맞히기, 변인을 조작해서 결과를 다르게 만들어 보기, 그림 그리기 같은 놀이로 변용할 수 있으므로 과학영역뿐 아니라 유아교육의 모든 영역에도 사용할 수 있는 확장성을 가지고 있다.

즐거운 모래놀이

2 과학적 과정기능의 성격

과학에서 과정중심적인 교육의 패러다임은 사물이나 현상에 대한 학습자의 심도 있는 이해를 촉진시킨다. 1950년대 이후로 과학교육에서 일어난 괄목할 만한 변화는 지식중심적 접근에서 과정 지향적, 탐구 기능적 접근으로의 변화라고 할 수 있다.

과학적 과정기능은 과학적 탐구기능, 프렉티컬 스킬(practical skill), 과정기능이라고도 지칭하는데, 과학의 영역에서 정보를 수집하고 그것에 근거하여, 적절한 지적 판단을 내릴 수 있는 정신적 · 물리적 능력이 통합된 고등한 정신기능이다.

의문에 답을 하고, 이론을 개발하고, 사물에 대한 정보를 발견하여 사물과 현상에 대한 이해를 위하여 사용되는 기능이 과학적 과정기능이다(Martin, 2000). 다시 말해서 사물과 현상을 탐구하는 데 필요한 일련의 체계화된 행동들이다. 과학교육의 기본전제는 행함(doing)으로써의 과학이다. 과학적 지식의 습득이 목표가 아니고 학습자가 지식을 습득하는 과정이 얼마나 과학적이며, 인지적 자극을 줄 수 있느냐가 더욱 중요하다.

〈표 7-1〉 과학적 과정기능의 성격

Harlen(1999)	과학적 과정기능은 서로 유기적으로 연결되어 있다. 과학적 과정기능은 Practical skill, 탐구기능, 발견기능 등으로 다양하게 지칭되고 있지만 정신적, 물리적 기능들이 내포된 통합적인 지식이며 인간의 전 생애에 걸쳐 발달되어야 한다.
Raming, Bailer, Ramsey(1995)	과학수업에서 과정적인 접근은 내용보다는 지적인 기술을 배우는 것을 강조하는 것이며, 이러한 측면에서 내용이 포함되어 있지 않더라도 과학적인 상황에서 과정기능을 습득하게 되면 필수적으로 내용이 포함된다.

과거의 과학교육이 지식의 전달에 치중된 경향이 없지 않으며, 교수방법적인 측면에서도 과학적인 과정기능을 단순히 기능으로만 생각해 왔다. 즉, 해당수업의 목표가 특정 지식이며 그것을 획득하기 위해서 관찰이나 측정, 비교 등을 도구적으로만 사용해 온 것이다. 그러나 과학적 과정기능의 본질이 곧 지식 그 자체라는 점을 생각해 본다면 단순한 기능이 아니며, 과정기능 그 자체가 과학교육에서 강조되어야 할 통합적인 지식이다.

3 과학적 과정기능의 종류

(1) 초급 과학적 과정기능

과학적 과정기능은 그 종류도 많고, 명칭도 다양하며, 때로는 활동의 특성에 따라 과정기능 간의 구분이 모호해지기도 한다. 과학적 과정기능은 학자들에 따라 다음과 같이 다양하게 분류되고 있는데, 가장 널리 알려진 것은 마틴(Martin, 2000)과 할렌(Harlen, 1999)이 제시했던 Process Skill들이다.

〈표 7-2〉 과학적 과정기능의 종류

Martin(2000)	추론, 변수의 확인과 조작, 가설의 형성과 검증, 자료의 해석, 조작적 정의, 실험, 모델의 형성
Harlen(1999)	연구문제 확인, 실험설계, 검증, 자료해석, 의사소통, 과학적인 가치형성과 태도

대부분의 유아과학교재에서 과정기능 연구에서 관찰, 분류, 추론, 예측, 의사소통, 변인조작 등을 과학적 과정기능으로서 많이 언급하고 있으며, 유아들의 과학적인 지식이나 태도 등을 평가하는 주요 항목으로 선정하고 있다. 특히, 마틴의 과정기능은 가장 일반적으로 알려져 있다. 그러나 최근 유아들을 둘러싼 일상의 환경이 점점 복잡해지고 다양해지고 있으므로 통계나 모델링 등 보다 세분화된 과정기능들을 유아과학교육에서 과정기능으로서 설정할 필요성이 커지고 있다.

(2) 고급 과학적 과정기능

외스틀룬드(Ostlund, 1992)는 보다 다양한 종류의 과학적 과정기능을 표 7-3과 같이 제시하였는데 관찰, 분류, 예측, 의사소통, 측정, 모델 만들기 등의 지각 지향적이고 감각 및 활동 중심의 기초적인 탐구기능과 모델 만들기, 자료의 해석, 그래프 만들기, 변인조작, 가설설정, 조작적 정의 같은 통합적 탐구능력이 포함되어 있음을 알 수 있다.

통합적 탐구능력은 기초기능에 의해 수집되고 처리된 정보들을 재구성하여 다시 한번 처리하는 기능으로 기초적인 탐구능력보다 한층 더 고등의 기능이라고 할 수 있다.

〈표 7-3〉 Ostlund(1992)의 과학적 과정기능 분류

과학적 과정기능의 종류	정의
관찰(observing)	오감 중 하나 혹은 그 이상의 감각을 이용하여 정보를 수집하는 것. 경우에 따라 장비를 사용하기도 한다.
의사소통(communication)	정보를 언어적 혹은 문서화하여 전달하거나 교환하는 것
측정(measuring)	사물을 특정단위를 사용하여 비교하는 것. 그 단위는 표준화된 것일 수도 있고 아닐 수도 있다.
자료수집(collecting data)	체계적인 관찰과 측정을 통하여 정보를 모으는 것
분류(classifying)	관찰에 근거하여 특정 테마에 따라 사물이나 사건을 무리 짓거나 순서화하는 것
추론(inferring)	과거의 경험을 토대로 관찰하여 생각을 개발하는 것
예측하기(predicting)	추론에 근거하여 기대하는 결과에 대한 생각을 형성하는 것
모델 만들기(making model)	사물이나 현상을 설명하기 위하여 물리적 정신적 표상을 개발하는 것
자료의 해석(interpreting data)	표나 그래프에 제시된 정보를 읽고 해독하거나 질문에 대한 답을 표나 그래프를 이용하는 것
그래프 만들기(making graph)	수치화된 양(quantities)을 그림으로 변환하여 양(quantities)들 간의 관계성을 나타내는 것
가설 설정(hypothesizing)	실험으로 검증될 수 있는 문제의 해결을 진술하는 것
변인조작(controlling variable)	다른 변수들은 고정한 채 결과에 영향을 줄 수 있는 변수를 조작하는 것
조작적 정의 (defining operationally)	경험들에 근거하여 사물이나 현상에 관한 특정정보를 진술하는 것
추정(estimating)	개인의 판단에 근거하여 대략적인 양을 계산하는 것
탐색(investigating)	문제해결을 위하여 정보를 수집 분석하고 결론을 내리는 것

표 7-3에서처럼 유아에게 적용할 수 있는 과학적 과정기능은 매우 다양하다. 그러나 유아들을 대상으로 한 과학적 과정기능의 발달에 관한 연구들은 초급의 과학적 과정기능으로 관찰, 분류, 의사소통, 측정, 추론, 예측 6가지를 측정하거나 활용하는 연구들에 한정되고 있다(박호철, 2010).

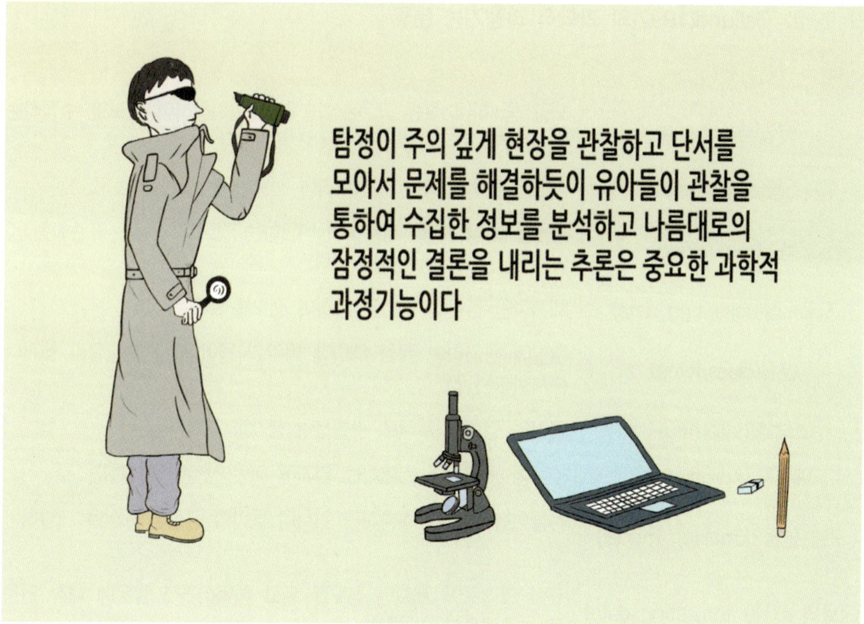

관찰과 추론

유아들의 발달적인 측면을 고려하면 초보적이고 기초적인 과학적 과정기능에서 시작할 수 있지만 다양한 활동을 통하여 유아들에게 적용하거나 유아들이 사용할 수 있는 과학적 과정기능은 생각보다 많아질 수 있다.

표 7-4은 외스틀룬드의 과학적 과정기능 중 유아들에게 적용하기 지나치게 어렵거나, 교사가 활용하기 어려운 것, 중복이 될 수 있는 기능을 구체적으로 설명하였다.

〈표 7-4〉 혼동되거나 중복될 수 있는 과정기능

예측하기(predicting)와 추론(inferring)	추론은 이전의 단일한 사물이나 현상에 대한 개별적인 경험이며, 이미 결론을 전제하고 있다. 따라서 추론의 결과는 개별적인 사실의 사전지식이라고 할 수 있다. 예측은 결론을 정확하게 내릴 수는 없으나, 과거의 경험에서 도출된 지식에 근거하여 판단을 하는 것이다. 예측은 추론들을 모아서 내릴 수 있는 전체적인 결론에 대한 예상이라고 할 수 있다.
모델 만들기 (making model)	모델은 사물이나 현상을 알기 쉽게 단순화시킨 것이다. 그러나 외형뿐 아니라 내부의 움직임을 추론하여 표현한 것도 모델이다. 예) 꽃이나 열매가 열리는 식물을 그려보고 각 부분의 명칭 말하기, 그림이 아니어도 제스처나 언어적 설명도 모델의 종류이며, 모델을 만드는 것이 모델링이다.
그래프 만들기(making graph)와 통계	유아들이 자기가 받은 스티커를 그래프 선상에 붙여서 활용할 수 있으며, 이러한 자료들을 가지고 통계라는 기능과 연결시킬 수 있다.
변인조작 (controlling variable)	경사로에서 장난감 자동차를 굴리는 놀이의 경우 경사로 및 자동차의 종류나 무게에 따라 속도를 조절할 수 있으며, 저울을 이용한 수평잡기의 경우 중심과 무게추의 거리를 조절하거나 추의 종류를 바꿈으로써 속도를 조절한다. 추의 종류나 중심이 변인이다.

글쓰기 연습을 겸한 요약 및 복습 7

기술과 서술의 차이점	
서술	기술보다 넓은 의미로 어떤 사실에 대한 특징을 순서대로(시간적, 인과적) 적어나가는 것. 글쓴이의 주관적 관점이 논리에 따라 드러나야 한다.
기술	어떤 대상에 내용이나 특징들을 열거하여 쓰는 것을 말한다. 글쓴이의 주관적 관점은 배제된다.

1. 기술 및 서술과제

과제 1	과학적 과정기능의 특징을 기술해 봅시다.
과제 2	7장을 읽은 후 과학적 과정기능의 중요성을 서술해 봅시다.

2. 키워드를 따라가는 학습

다음 키워드의 뜻이나 정의를 써 보거나 설명해 봅시다.

과학적 과정기능의 종류	
의사소통	
변인조작	

CHAPTER 8

과학수업 방법론

과거 유치원에서는 수업(instruction)이라는 용어보다는 활동(activity)이라는 용어를 사용하였으나, 최근 유치원 교육의 질적 향상을 위한 체계적인 노력들이 진행됨에 따라 수업이라는 용어가 이제는 널리 사용되고 있다. 수업이란 의도적·계획적이라는 의미가 강조되는 용어이다.

수업이라는 용어는 공학적이며 동시에 목표지향적인 용어임이 분명하다. 통상적으로 교사의 교수행위와 수업이라는 용어가 혼용되어 쓰이고 있지만 수업이라는 용어와 활동이라는 용어를 굳이 구분할 필요는 없을 것이다.

유치원의 활동이 교사의 즉흥적인 결정이나 선택에 의해 이루어지는 것이 아니라 사전에 미리 치밀하게 준비된 과정과 내용으로 진행되고 있으므로 수업이라는 공학적인 용어와 혼용하여도 크게 문제될 것은 없을 것이다.

본 장에서는 과학교육을 위한 수업을 어떻게 진행할 것인지에 관하여 현대교육의 관점과 그에 의한 구체적인 방법들을 살펴보기로 하자.

1 구성주의적 관점과 과학수업

구성주의는 고대 그리스의 인식론에 근거하고 있다. 구성주의의 관점을 이해하기 위해서는 먼저 객관주의를 언급하지 않을 수 없다. 객관주의는 주관보다는 객관을 중시하는 인식론으로 실체(reality)는 인간과 독립되어 외부에 존재한다는 입장을 취하고 있다.

즉, 이 세상의 진리와 의미는 인간의 마음과 독립되어 객관적으로 따로 존재한다는 것이다. 이런 측면에서 볼 때, 교육이라는 행위에서 지식이란 외부의 누군가가 만들고 의미를 부여한 지식을 매개인이 다른 인간의 마음속에 집어넣는 행위가 되는 것이다. 따라서

① 지식은 인식의 주체인 인간과 상관없이 독립된 외부에 존재한다.
② 지식의 구성은 외부에서 발견하거나 수용하여 이루어진다.
③ 지식은 외부에서 지식을 주입받아서 암기함으로써 개인이 소유하게 된다.

이러한 객관주의적 인식론에서 교육이란 교사가 주체가 되어 지식을 학생들에게 전수하는 행위이며 학생들은 누군가가 만들어 놓은 지식을 무조건적으로 받아들여야 하고 권위를 인정해야 한다.

반면에 구성주의는 지식은 사전경험을 바탕으로 개인이 구성하는 것으로 생각한다. 따라서 개인들의 경험이 다르다면 소유한 지식과 의미도 다르고, 외부에서의 주입으로 인한 공유도 불가능하다. 따라서 구성주의적 관점에서 지식이란,

① 지식은 이전의 경험에서 개인이 만들어 낸다.
② 지식구성은 사회 구성원과의 상호작용, 즉 공유함으로써 더욱 촉진된다.
③ 지식의 진정한 의미는 인식의 주체인 개인이 부여한다.

결국, 구성주의에서 교육은 개인이 의미 있는 지식을 구성하도록 돕는 행위이며, 사회구성원들과의 상호작용을 통하여 경험과 지식을 공유하는 것이 매우 중요한 강조점이 된다.

구성주의적 교육의 관점에서 중요한 명제는, 수업은 학생과 교사의 효율적인 의사소통 채널의 구성과 활용이라는 것이다. 즉, 의사소통이 원활하게 이루어지도록 수업을 설계해야 한다는 것이다.

특히, 유아과학교육은 과정중심적인 학습 목표관을 가지고 있으므로 학생과 학생, 교사와 학생 간의 상호작용의 활발함이 전제되어야 할 것이다.

유치원에서 과학수업은 유아들이 일상에서의 호기심과 궁금함을 마음껏 친구들과 교사와의 상호작용을 통하여 해소하는 즐거운 장이 되어야 한다는 점에서 의사소통을 위한 좋은 수업설계(design)는 중요하다.

현대의 교실에서, 수업은 하나의 아트(art)라고 할 수 있다. 전체적인 면에서 보면 관객이 적극적으로 참여하는 무대와 객석의 구분이 없는 연극이라 할 수 있고, 교사의 관점에서 보자면 교사가 미리 세밀하게 준비한 시나리오를 가지고 진행하는 하나의 1인극이라 할 수 있다.

연극의 목적은 공감이며, 수업에서의 공감은 유의미한 학습목표의 달성이라고 할 수 있는 것이다. 교사는 관객들이 객석에서 구경만 하도록 방치하지 않고, 그들의 적극적인 참여와 공감을 끌어내어야 한다.

교사는 아티스트다

이를 위해서는 수업의 과정에서 활발한 상호작용이 이루어져야 한다. 교사의 역할은 학생과 학생, 교사와 학생 간의 유의미한 상호작용을 할 수 있는 채널을 잘 만들어내는 것이다. 효율적이고 개방적이며, 학생들에 유의미한 지식구성이 가능한 채널을 만드는 것이 가장 훌륭한 수업 방법이며, 학생들이 서로의 인지를 공유하게 하여 경쟁이 아닌 진정한 의미의 협동학습이 이루어질 수 있게 한다.

구성주의적 관점에서 학생이 수업을 통해 발전한다면 교사 역시 그 수업을 통하여 발전해야 한다. 따라서 구성주의적 교육은 쌍방향적이다. 어느 한쪽이 다른 한쪽에게 일방적으로 영향을 미치는 것이 아니며 서로의 상호작용을 통하여 서로가 발전해야 한다. 교사들은 가르치며 배우게 된다.

많은 유치원 교사들이 "과학수업을 어떻게 진행해야 할지 잘 모르겠어요"라는 말을 한다. 과학수업은 하늘에서 뚝 떨어진 특별한 기술이 필요한 수업인 것처럼 인식하고 있는 경우가 많다. 과학수업은 다른 영역의 수업과 많은 차이가 없다. 다만 내용면에서 일상의 사물과 자연을 다루고 있으며, 형태면에서 더욱 다양하다는 것이다.

2 수업의 모형적인 접근

교사의 전문성은 티칭에 있다. 대학에서 전문적인 유치원 교사교육을 받은 사람은 그렇지 않은 사람과 비교했을 때, 티칭에 있어서 확연한 차이점이 있어야 한다.

유아과학교육은 다양한 과학영역과 일상의 영역을 포함하고 있으므로 해당 수업주제에 적합한 학습방법들을 교사가 선정할 수 있어야 한다.

모든 주제에 범용으로 사용할 수 있는 학습의 형태는 존재하지도 않고, 있다고 하더라도 효과성을 확신할 수 없다.

최근 유치원에서 수업의 질적 향상을 위하여 수업모형(instructional model)의 적용이 활발하게 시도되고 있다. 수업모형은 수업의 진행과정을 단계적으로 절차화한 것으로 교수-학습의 즉흥성을 방지하는 체계적이고 목표지향적인 수업방법으로서 개발되었다.

학습주제에 적합한 수업모형의 선정은 수업을 용이하게 하고, 수업목표의 달성에 효율적인 것은 사실이다.

수업모형(instruction model)은 학습목표 지향적인 성격이 강하고 효율적이지만 설계를 할 때 교사의 요구를 반영하였는가? 혹은 학생의 요구를 반영하였느냐가 매우 중요하다.

수업에 있어서 모형적인 접근은 학습의 목표를 달성하기 위하여 설계된 과정을 수업에 적용하는 것이지만 학습 목표를 모두 달성할 수 있는 수업모형은 존재할 수 없으므로 교사는 학습목표와 주제에 따라 다양한 수업모형을 사용할 수 있어야 하며(Anderson, 1997), 모형은 어디까지나 모형이므로 적용과정에서 지속적인 수정과 개량을 통하여 완성도가 높아져야 한다.

이러한 수업모형적인 접근은 유치원의 수업의 체계성과 질적 향상을 위한 하나의 시도로서 다양한 수업모형이 유치원 적용연구를 통하여 그 효과가 검증되고 있다. 그러나 수업에서 모형적인 접근은 자칫 목표중심적이고, 절차만이 강조될 수 있으므로 적용에 있어서 신중할 필요가 있다.

(1) 수업의 모형적 접근의 장점

① 구성주의적 관점에서의 수업은 교사의 입장에서 본다면 단편적인

활동보다는 전체의 흐름을 중요시하기 때문에 단계별로 진행되는 모형적인 접근은 수업의 체계성을 높일 수 있다.

② 수업모형에서 절차화된 단계는 학습자가 기본적인 지식을 차례로 적용시켜 단계적인 학습을 가능케 하기 때문에 학습자의 사전지식이나 발달 적합성을 강조하는 수업전개가 가능하다.

③ 사전에 미리 준비되고 효과가 검증된 수업모형을 적용한다면 학습목표달성을 어느 정도 보장할 수 있다.

④ 유아들이 유치원에서 학습해야 할 내용이 점차 늘어나고 있는 추세이므로 유치원에서의 수업의 효율성을 높이기 위한 방법으로 적합하다.

(2) 수업모형적 접근의 비판점

① 교사가 수업모형의 절차적인 부분에 얽매여 수업이 경직될 수 있다.

② 수업모형은 목표지향적인 성격이 뚜렷하므로 수업과정에서 일어나는 상호작용들이 경시될 수 있다.

③ 교사가 수업모형 단계별 진행을 숙지하지 못하거나 혹은 자신의 학급학생들의 발달적 특성을 잘 알지 못하면 수업의 진행이 어려워질 수 있다.

예를 들어, 과학수업에서 가장 대표적인 수업모형이 탐구모형인데, 탐구수업은 절차적인 중요성이 매우 강조되는 학습모형으로서 절차적인 경직성이나, 진행의 어려움 등으로 유치원에 그대로 적용하기는 어려운 점이 있으며 절차만을 강조하다보면 주객이 전도되는 경우가 발생할 수 있다.

수업모형은 이미 초중등교육에서 광범위하게 개발되고 적용되어 왔으나, 유치원에서는 수업모형이 구조화된 형태로 적용되면 유아들의 흥미와 자발적인 학습보다는 교사주도적인 학습이 이루어질 것이라는 오해 때문에 외면되는 경향이 있었다.

그러나 수업모형은 하나의 청사진(blueprint)이므로 반드시 그 절차나 순서를 그대로 따라해야 할 필요는 없다. 수업에는 수많은 변수가 작용하고 조그만 변수 하나로 인하여 도달점이 달라지는 경우가 발생하기 때문에 교사의 창의적인 수정이 반드시 필요하다.

또 하나의 오해는 수업모형을 사용하여 그대로 따라만 하면 학습목표 도달이 쉬울 것이라고 생각하는 것이다.

수업이란 행위는 인간과의 상호작용이 핵심인데, 연령이 어릴수록 변동성이 높아지므로 수업모형의 단계만 따라간다고 해도 유의미한 학습목표의 달성을 보장할 수는 없으며, 교사가 선택한 수업모형이 반드시 그 주제에 적절하다고 확신할 수가 없으므로 학생들의 수준과 학급의 맥락에 따라 적절한 수정이 필요하다.

유치원의 과학수업은 수업은 과정적이고 유아들의 맥락을 중요시해야 하므로 어떤 특정수업 모형 방법을 채택을 강조하기보다는 학급이나 유아들의 특성에 맞는 수업모형을 교사들이 개발하거나 수정하여 활용하는 것이 필요하다.

유치원의 수업에 적합한 수업모형의 개발은 학자들만의 몫이 아니다. 현장에서 수업을 실제로 진행하고 있는 교사들도 수업경험이 축적되고 유아들의 발달특성을 이해하면 충분히 가능하다.

3 교사의 창의적인 과학수업설계를 위한 노력

수업의 모형적 접근 외에도 수업의 방법은 매우 다양하게 제시될 수 있다. 다만 그러한 수업을 설계할 때, 교사들은 몇 가지의 전제를 이해하고 있어야 한다.

첫째, 교육내용은 유아들의 질문과 호기심에서 시작되지만, 교육과정은 교육자들이 만든다는 것이다. 이것은 학습목표를 항상 고려해야 한다는 것이지만 목표지향적이어야 한다는 뜻은 아니다. 유치원의 수업은 과정을 강조해야 하지만, 수업은 교육과정이라는 큰 틀 안에서 체계화되고 연계되는 구체적 활동이므로 기본적인 방향을 벗어나지 말아야 한다는 것이다.

즉, 활동은 유아들이 주도하는 것이지만 교사는 대체적인 수업진행의 흐름을, 즉 전체의 줄거리를 생각하고 있어야 한다는 것이다.

둘째, 유치원의 수업에 관한 수많은 연구와 수업방법이 개발되어 있지만, 그대로 적용하기보다는 자기가 유아들의 정보에 근거하여 자기에게 맞는 방법을 개발하여 익혀야 한다.

우리는 흔히 시중에서 성공한 사람들의 교육방법에 대한 책을 접한다. 가끔은 베스트셀러가 되어 많은 학부모들이 책을 찾기도 하지만, 그 방법을 똑같이 적용하면 결과가 그대로 된다는 보장도 없거니와 그렇게 될 수도 없다. 그것은 개인의 독특성과 환경적 요인이 수많은 변수를 만들어내기 때문이다.

수업도 마찬가지이다. 엄청나게 많이 개발되어 있는 학습모형이나 수업방법이 자기교실에 딱 맞는 것은 없을 것이다. 교사가 자신만의 고유한 수업방법을 개발하여 익숙해지는 것이 수업의 질을 보장하는 가장 효과적인 방법이다. 그러한 수업방법을 개발하기 위한 원칙을 다음과 같이 제시한다.

(1) 다양한 과제의 개발과 제시를 통한 유아발달 수준의 파악

유치원의 교육에서 유아발달 수준을 파악하는 것은 매우 중요한 일이다. 유아의 발달수준은 수업목표를 설정하게 되고, 잘 조직된 목표는 가장 적절한 수업내용과 수업방법을 만들어 낼 수 있게 한다.

피아제(Piaget)는 유아발달의 보편성을 말하고 있지만, 비고츠키(Vygotsky)의 관점에서 본다면 보편성 속에서도 특수성을 감안해야 하므로, 학급의 유아들의 발달수준을 가능한 개별적으로 파악해야 할 필요가 있으며, 이에 따른 적절한 학습내용과 교수방법을 찾아야 한다.

따라서 교사는 과제를 통하여 유아들의 발달수준을 파악하는 것이 우선적으로 이루어져야 할 것이다.

(2) 적절한 수업방법의 개발과 선정을 위한 다양한 시도와 격려

적절한 수업방법을 선정하기 위하여 우선되어야 할 것은 현장교사들의 적극적인 개발시도이다. 교사들이 과중한 업무에 시달리다보니 예전부터 사용하던 수업안들을 참고하거나 수정하여 사용하기도 하지만 적절한 수업방법을 찾기 위해서는 교사들의 다양하고 창의적인 시도가 필요하다.

수업은 교사의 전문성을 나타내는 대표적인 방법이다. 전문적인 교육을 받은 유치원 교사라면 그렇지 않은 사람과는 유아들에게 질문하는 방법부터가 다를 것이다.

유치원의 학급은 1:1의 개인교습공간이 아니므로 고려해야 할 요소들이 매우 많다. 적어도 5명 이상의 유아집단과 수업을 진행한다면 수많은 변수들을 고려해야 한다.

결국, 유치원 교사는 유아와 교육과정 그리고 유치원 학급의 상황을 고려하여 다양한 수업방법 개발을 시도해야 한다. 이것은 단순히 기술(skill)적인 문제에 국한된 것이 아니며 교사의 마인드와 연관된 것이다. 물론 이러한 교사의 노력과 더불어 교육기관 운영자의 유아과학교육에 대한 이해와 체계적인 지원이 있으면 더욱 좋을 것이다.

(3) 질 높은 상호작용의 설계

상호작용은 언어적·신체적 혹은 겉으로 드러나지 않는 교감이다. 어떠한 형태의 상호작용이든 공감과 공유라는 정서적·지적 교감을 동반한다. 일반적으로 수업에서 상호작용은 질문과 대답이라는 형태로 나타나지만, 수업 중에 발생하는 교사의 칭찬과 제스처 같은 요소도 상호작용을 돕는 요소들이 될 수 있다.

상호작용은 첫째, 쌍방향적이어야 한다. 교사가 일방적으로 유아에게 지시를 내리거나 질문만을 하는 것은 이후에 일어날 수 있는 연속적인 상호작용을 위축시킬 수 있으므로 교사가 모든 것을 이끌어 가지 않도록 한다. 가능한 한 유아들의 요구와 준비들을 충분히 고려하도록 해야 한다.

둘째, 교사의 질문은 하나의 답을 요구하는 형태보다는 다양한 가능성을 내포할 수 있도록 열린 형태로 만들어져야 한다. 유아들의 답이나 혹은 교사가 유아들의 질문에 답할 때도 가능한 한 단답형이 아닌, 풍부한 설명과 또 다른 가능성을 가질수 있도록 해야 한다.

셋째, 교사와 유아, 유아와 유아들 간의 풍부한 언어적 사고작용이 일어나도록 정교하게 발문을 수업의 흐름 속에 배치해야 한다. 도입단계에서 교사의 재미있는 발문을 배치하여 유아들의 흥미와 학습동기를 유발시키고, 전개부분에서 유아들이 적극적인 시도를 할 수 있도록 격려하고, 결말단계에서 유아들이 스스럼없이 자기표현과 주장을 할 수 있도록 허용적인 발문들을 선정하여 사용해야 한다.

교사의 정체성은 여러 가지로 표현될 수 있지만, 수업이라는 관점에서 본다면 수업에 참여하는 학생들을 위하여 원활한 소통의 통로를 설계하는 설계자라고 할 수 있다. 한 시간의 수업을 위해서 많은 준비물과 변수를 고려해야 한다. 그리고 적절한 타이밍에 적절한 방향을 가이드할 수 있는 융통성과 순발력 또한 갖추고 있어야 한다.

창의적인 수업방법이나 수업모형은 어느날 하늘에서 뚝 떨어지듯이 만들어지지 않는다. 교수-학습이론의 충분한 이해와 더불어 수많은 학습방법의 적용경험에서 만들어지는 것이다.

교사는 디자이너이기도 하다

글쓰기 연습을 겸한 요약 및 복습 8

기술과 서술의 차이점	
서술	기술보다 넓은 의미로 어떤 사실에 대한 특징을 순서대로(시간적, 인과적) 적어나가는 것. 글쓴이의 주관적 관점이 논리에 따라 드러나야 한다.
기술	어떤 대상에 내용이나 특징들을 열거하여 쓰는 것을 말한다. 글쓴이의 주관적 관점은 배제된다.

1. 기술 및 서술과제

과제 1	구성주의적 관점의 수업특징을 기술해 봅시다.
과제 2	교사가 왜 아티스트이자 디자이너인지 설명해 봅시다.

2. 키워드를 따라가는 학습

다음 키워드의 뜻이나 정의를 써 보거나 설명해 봅시다.

교사의 전문성	
수업모형	
수업모형 적용의 장 · 단점	

CHAPTER 9

과학수업의 실제

이 장에서는 실제 과학수업에서 사용할 수 있는 Process Skill 접근수업, 탐구학습, 모델링 베이스 학습, Science Art 접근, 박물관 학습 등 5가지의 수업의 형태들을 소개하고자 한다.

"수업의 형태가 왜 중요한가"라는 문제는 단순히 학습목표의 달성의 효율성을 높이기 위해서라는 답도 가능하다. 그러나 구성주의적 관점에서는 유아들이 어떻게 개인에게 의미 있는 지식을 스스로 만들 것인가? 하는 것과 학습목표의 달성과정에서 얼마만큼의 의사소통과 상호작용이 잘 설계되어 있었느냐와 연관이 있다.

과학수업의 주제는 매우 다양하므로 주제와 적합한 학습모형을 적절하게 사용하여 학습효과를 확대시키는 것이 중요하기 때문이다.

1 주제와 학습형태의 선정의 기준

7차 유아교육과정에서 제시된 탐구생활의 영역은 대단히 광범위하다. 탐구하는 태도 기르기, 과학적 기초능력 기르기, 수학적 기초능력 기르기의 영역은 주변의 사물과 자연환경을 포함한 모든 유아의 일상에서 창의적인 사고와 탐구능력, 과학적 사고능력, 문제해결능력 등을 강조하고 있다.

유치원 교사들을 위하여 수많은 과학활동 프로그램이 만들어져 있고, 교사를 위한 가이드도 충실하게 되어 있다. 교사가 선택해야 하는 것은 어떤 종류의 활동이 어떤 형태의 수업에 가장 적합할 것인지를 결정하는 것이다.

어떤 수업내용이 어떤 수업모형에 적합한지의 기준을 다음에 제시하였는데, 완전히 구분될 수 있는 것은 아니다. 5가지 수업의 형태는 개념적으로 중복되는 부분도 있으며, 진행과정에서도 혼용할 수 있는 여지가 있으므로 어떤 활동이든 교사가 선정했을 때, 그 활동의 목표를 이해하고 융통성 있게 사용할 수 있도록 하는 것이 중요하다.

(1) 과학적 원리를 적용하는 수업

과학적 원리를 적용하는 수업은 말 그대로 적용하는 수업이기 때문에 비교적 용이한 편이다. 예를 들어, "자석의 성질을 이용한 움직이는 인형", "자동차 만들어 보기", "기타 만들기", "종이컵 전화기 만들기" 등은 과학적 원리를 적용하는 수업이다.

물론 만드는 과정에서 과학적 원리를 익힐 수 있는 부분도 있으나, 이런 주제의 활동은 Process Skill 접근이나 Science Art, 박물관과 연계된 수업으로 진행하는 것이 바람직하다.

원리적용수업은 일반적으로 가장 교사들이 사용하기 용이한 수업이다. 그러나 그것으로는 원리의 이해가 이루어지기는 다소 어려우며 유아들이 원리를 이용한 물건을 만들어보며, 원리에 대한 스스로의 추론을 만들거나 교사의 설명이 추가될 수 있다. 원리에 근거에 현상을 직접 만들어서 경험을 축적시키는 것도 원리이해에 앞서 탐구의 즐거움을 배가시키고, 호기심과 흥미를 증진시키는 효과가 있다.

(2) 과학적 원리를 이해하는 수업

과학적 원리를 이해하는 수업은, 원리에 접근하기 위한 탐구적인 태도나, 눈에 잘 보이지 않는 부분에 대한 추론적인 활동, 의견나누기, 관찰 등과 같은 활동들이 중심이 된다. 예를 들어, "비는 왜 내릴까", "기후란 무엇일까?", "어느 쪽이 더 빠를까?", "풍선 안에는 무엇이 들어 있을까" 같은 주제는 탐구학습이나 모델링중심의 수업 등이 적절한 수업형태이다.

원리이해수업은 수업설계와 자료구성이 어려울 수가 있으므로 가능한 시청각자료에서부터 모델링까지 다양한 접근을 통해서 수업이 이루어져야 효과가 있다. 그리고 원리이해수업 후 원리적용수업을 진행할 수 있다면 더욱 효과적일 것이다.

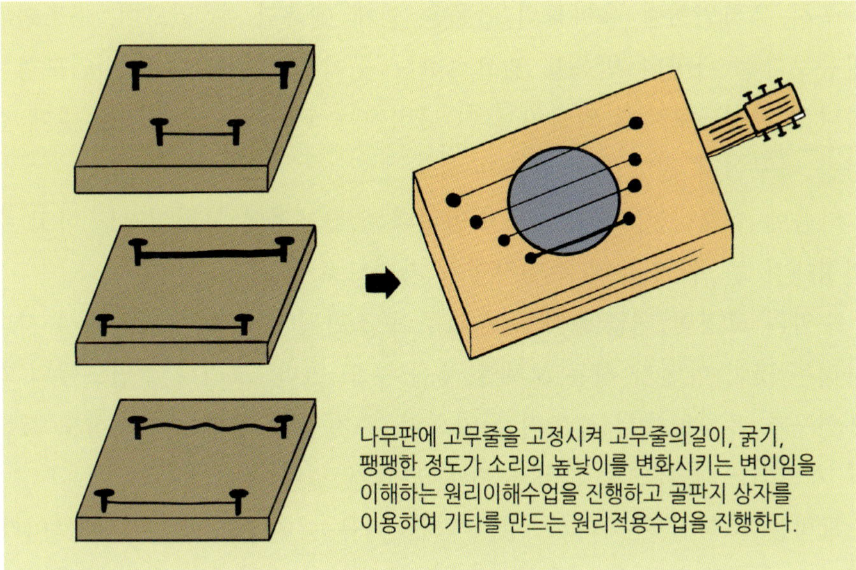

원리이해수업과 원리적용수업

(3) 5가지의 수업방법과 모형에 적절한 수업내용

유아과학수업은 이야기 나누기나, 같이 동영상을 시청하면서 교사가 설명해 주기, 만들어 보기 등의 활동으로도 진행할 수 있지만, 좀 더 유아와 유아, 유아와 교사 간의 상호작용을 촉진하고 체계화시킨 수업모형적 접근을 시도할 수 있다.

최근 유치원에서도 다각적인 수업의 모형적 접근(Approach to Instructional

Model)을 시도하고 있으며, 그 적용의 효과를 검증하기 위하여 많은 연구가 시도되고 있다. 수업의 모형적인 접근은 교사의 주도적인 수업에서 벗어나 수업에 참가하는 주체들의 상호작용을 체계화할 수 있다는 점과 수업의 목표에 도달하는 체계적인 방법을 사용함으로써 수업의 효과성을 높이는 장점이 있다. 그러나 그 절차에 얽매여 융통성이 필요한 수업 상황에서 대처하지 못한다면 그 효용성은 떨어지게 된다.

특히 유치원처럼 유아들의 반응을 쉽게 예측할 수 없으며, 구조화된 반응보다는 다양한 반응을 필요로하는 곳이라면, 절차화된 수업모형은 하나의 가이드로서의 역할이 크며 나머지는 교사가 수업목표에 맞게 절차를 바꾸어서 진행해야 한다.

다음에 소개하는 여러 가지 수업형태는 절차적인 모형이기도 하고 수업형태가 될 수 있는데 수업진행의 가이드로서 활용되어야 한다.

수업의 모형적 접근에 대하여 너무 구조화된 수업을 유치원에서 시도하려는 것이 아닌가 하는 오해를 부를 수도 있다. 그러나 수업모형의 적용연구가 유치원에서 시도되고 있으며, 유치원을 위한 수업모형도 새롭게 개발되고 있으므로 관심을 가질 필요가 있다.

모형은 모형일 뿐이다. 모형을 만든 이유는 이해의 편의성 때문이다. 그리고 수업에 모형을 적용하는 것은 효율성과 방향성의 확립 때문이다.

사전에 준비되지 않은 수업은 목표부터 명확해지지 않으며 유아들의 활동이 산만해질 수밖에 없다. 교사의 사전준비가 수업에 반영되고, 유아들에게 영향을 주려면 단계별로 체계적으로 접근하는 것이 가장 효과적이다. 자유롭고 비구조화되고 자발적으로 보이는 유아들의 활동도 교사가 사전에 준비해야 한다.

모형의 사용은 많은 융통성을 부여하고 있다. 교사가 교실의 사정이나 유아들의 상황에 따라 얼마든지 변경할 수 있다.

〈표 9-1〉 5가지 수업의 형태와 모형의 특징

수업모형	강조점	적합한 활동
Process Skill 접근	1. Process Skill의 특성을 강조 2. 유아들의 활동 중 일어날 수 있는 Process Skill 선정과 의도적인 가이드 3. 어떻게 하면 Process Skill을 가시적, 비가시적으로 함양할 수 있을 것인가?	1. 활동들에 교사가 Process Skill을 의도적으로 조직해서 진행할 수 있는 주제에 적절하다. 2. 사물과 현상에 대한 형태나 외부적인 요인이 나타나는 주제에 적합하다. 3. 유아들이 협동해서 할 수 있는 활동에 적합하다.
탐구학습모형	1. 유아들의 사고능력 및 문제해결능력의 과정 강조 2. 교사의 설명적인 부분도 필요함 3. 유아들의 발표 강조	1. 과학적 원리나 모호한 개념들을 주제로 선정했을 때 편리하다. 2. 사물이나 현상의 정보를 모으고, 그것을 근거로 결론을 내려야 하는 주제가 적합하다. 2. 교사가 특정문제를 제시했을 때 실험이나 활동으로 그것이 정확히 판명될 수 있는 주제들에 적용하기 편리하다.
모델링베이스 학습	1. 유아들의 사물과 현상에 대한 정보 수집 및 분석과 추론능력 강조 2. 모델구성능력 강조(그리기, 만들기) 3. 어떻게 하면 유아들이 만든 모델의 설명력을 높일 수 있을 것인가? 4. 어떻게 하면 유아들이 상호작용을 높여 모델을 수정할 수 있을 것인가?	1. 사물이나 현상을 유아들이 추론하여 그림을 그리거나 만들기를 할 수 있는 활동에 적용하기 좋다. 2. 교사가 교육모델(일종의 정답)을 가지고 있는 활동에 적용하기 편리하다. 3. 움직이는 사물 혹은 특정한 요인이나 변인에 따라 변화하는 자연현상에 대한 주제에 적용하기 좋다.
Science Art	1. 유아들의 미술적 표현 능력 2. 활동에 과학적 요소나 원리들을 어떻게 반영할 것인가? 3. 유아들이 다양한 미술적 표현을 어떻게 장려할 것인가?	1. 자연물이나 현상의 두드러진 특징을 알아야 하는 활동주제에 적합하다. 2. 과학적인 원리를 이용한 놀잇감 만들기 같은 주제에 적합하다.
박물관 학습모형	1. 사전 및 사후 학습과의 연계성 2. 유아들의 관심과 흥미를 고려해야 한다.	1. 실물체험이 수업과정에서 중요한 주제에 적합하다. 2. 역사성을 가진 주제에 적합하다.

2 과학적 과정기능 접근

과학적 과정기능(Scientific Process Skills)은 연구의 경우, 유아들의 과학적 사고능력이나 태도 등의 향상을 측정하는 데 도구로 많이 사용하지만, 측정도구로만 활용한다면 그 사용범위가 너무 좁고 과학적 과정기능의 활용 가치를 충분히 활용할 수 없다.

과학적 과정기능은 측정도구보다는 학습내용이나 방법면으로서 더 많은 가치를 가진다.

과학적 과정기능은 목표이기도 하지만 수단으로서 활용할 수 있는데, 여러 가지의 과학적 기능이 결합되어 있는 통합적인 활동을 통하여 과정기능의 향상은 물론 측정까지도 가능할 수 있다.

과학적 과정기능 수업은 유아들의 과학활동 중 과학적 과정기능의 체득을 목표로 한다. 따라서 과학적 과정기능 수업은 수업제재의 선정이 가장 중요하다. 즉, 해당 활동 속에 어떤 과정기능을 포함할 것이며, 어떻게 활동 속에 자연스럽게 유아들이 과정기능을 익힐수 있는가 하는 점에 대하여 교사는 고민을 해야 한다. 따라서 과학적 과정기능 수업은 교사의 치밀한 준비과정이 성공적인 수업의 열쇠가 된다.

교사의 준비

1. 활동의 선정 시 포함될 과정기능을 확인하고 연결될 수 있는 기능들을 수업순서에 따라 배치한다(예: 관찰과 분류, 측정 / 관찰과 추론, 모델만들기 / 관찰과 변인조작, 의사소통).
2. 유아들이 소외되거나 순서를 기다리지 않도록 준비물을 가능한 한 충분히 준비한다.

〈표 9-2〉 과학적 과정기능 접근수업

단계	활동내용	핵심활동	주의점
활동소개	• 활동의 주제나 과제를 소개하고 필요하면 유아들이 장비나 준비물을 조작할 수 있도록 가이드한다.	• 활동소개 시 교사가 활동의 방향을 지시하지 않도록 한다.	• 유아들이 과학활동이라기보다는 놀이라고 생각하도록 한다.
활동	• 유아들이 활동하면 교사는 유아들이 자유롭게 활동하도록 격려하되 과학적 과정기능을 유아들이 사용할 수 있도록 언어적 가이드를 하거나 같이 참여하도록 한다.	• 교사는 개별 혹은 소집단의 활동에서 과학적 과정기능이 발휘되도록 발문과 질문, 필요하다면 시범도 보일 수 있다.	• 유아들이 또 다른 활동이나 변형된 활동을 시도하면 격려하고 도움을 줄 수 있도록 한다.
확장	• 유아들이 개인이나 소집단별로 활동결과를 발표하여 결과를 공유할 수 있도록 한다.	• 활동 후에 느낌과 결과를 공유할 수 있도록 시간을 충분히 주고 이야기를 나눈다.	• 유아들이 또다른 활동에 관심을 가질 수 있도록 어떤 활동들을 하고 싶은지 확인한다.

주제 활동에서 여러 가지 과정기능이 하나의 활동안에서 복합적으로 조직되도록 활동을 구성해야 한다. 예를 들어, 나뭇잎을 관찰해 보기 같은 활동의 경우는 거의 단일한 과정기능으로 구성된다고 생각할 수 있지만, 나무잎을 수집하고 눈이나 돋보기를 이용하는 활동에, 어떤 나뭇잎이 비슷한가 하는 분류나 측정 활동을 구성할 수 있고, 나뭇잎을 그려보기나 혹은 나무를 그려놓고 나뭇잎이 어디에 있었는가를 그려본다면 모델링의 기능도 포함시킬 수 있다.

활동명	균형을 잡아봅시다
준비물	1. 막대저울(중심점 포함) 2. 각종 무게추(작은 조약돌, 바둑알, 동전, 플라스틱 등 다양한 무게의 추들)
활동내용	• 균형 잡거나 깨트리기 활동 1. 교사가 기울기를 다양하게 만들어 놓고 유아들이 추를 올려서 균형을 잡아보는 활동을 해 본다. 2. 교사가 균형을 잡은 저울을 제시하고 유아들이 추를 활용해서 균형을 깨뜨려 보도록 한다. 3. 균형이 잡히지 않은 저울을 다시 균형을 잡아본다.
과정기능	관찰, 비교, 측정, 변인조작, 추론, 예측, 의사소통
활동의 포인트	1. 다양한 종류의 무게추를 준비해서 관찰이나 분류, 비교 활동이 일어날 수 있도록 한다. 2. 유아들이 먼저 저울과 추를 이용해서 마음껏 활동해 보도록 한다. 3. 균형을 무너뜨리는 활동, 균형을 잡는 활동을 과제로 제시한다.

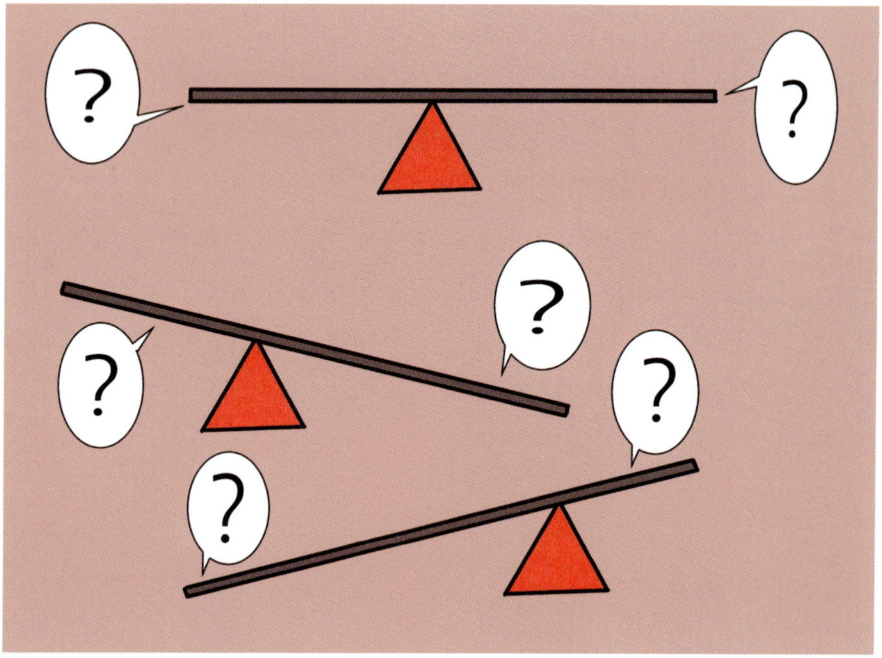

(예시활동 1) 균형을 잡아봅시다

활동명	어떤 자동차가 가장 빠를까(혹은 어떤 길에서 어떤 자동차가 가장 빠를까?)
준비물	1. 길이 60센티, 폭 20센티 정도의 목재판 3개. 각 목재판을 (1) 그냥 사용한다. (2) 사포를 목재모양대로 잘라서 목재에 접착하여 울퉁불퉁한 목재판을 만든다. (3) 운동장의 가는 모래를 풀이 발린 목재판 위에 뿌려서 산길이나 매우 울퉁불퉁한 경사판을 만든다. 즉 매끈한 길, 울퉁불퉁한 길, 매우 울퉁불퉁한 길 3개를 만들어서 종이 벽돌에 경사지게 세워놓는다. 2. 각종 장난감 자동차(무게, 모양, 바퀴크기, 재질 등이 서로 다른 것) 준비 3. 3개의 목재판을 종이벽돌을 이용해 경사를 만들고 종이벽돌 여러 개를 사용해서 벽돌의 수에 따라 경사의 기울기 조절이 가능하도록 한다.
활동내용	1. 경사판의 위쪽 끝에 자동차를 놓고 움직여 어떤 자동차가 속도가 빠른지를 알아본다. 2. 같은 자동차를 서로 다른 목재판에서 움직여 속도를 관찰한다. 3. 경사판의 기울기를 달리하여 같은 자동차 혹은 서로 다른모양의 장난감 자동차를 움직여본다.
과정기능	관찰, 비교, 측정, 변인조작, 추론, 예측, 의사소통
활동의 포인트	1. 자동차의 크기 모양, 무게, 길의 상태, 기울기 등 조합할 수 있는 많은 변인이 있으므로 교사는 유아들이 그러한 변인을 달리하여 활동할 수 있도록 가이드한다. 2. 지동차를 경사판에 올려서 속도를 비교하기 전에 자동차와 길의 상태에 대한 관찰과 비교 활동을 사전에 실시하여 유아들이 활동의 체계를 스스로 잡을 수 있도록 가이드해야 한다. 3. 유아들이 기울기를 다양하게 기울여 보는 것과 자동차의 크기나 무게 모양 등이 곧 변인조작과 이에 따른 예측활동이 될 수 있으며, 교사가 제공하는 자동차의 재질이나 모양 등이 더욱 다양하다면 관찰 및 분류 활동도 유아들이 시도할 수 있을 것이다(자동차 크기, 자동차 재질 등).

(예시활동 2) 어떤 자동차가 가장 빠를까? (혹은 어떤 길에서 자동차가 가장 빠를까?)

앞의 두 활동은 과학적 과정기능들이 포함되어 있는 통합적 활동이며, 동시에 유아들의 과학적 과정기능의 발달을 측정할 수 있는 평가도구로 활용할 수도 있고, 또 본시 수업내용으로도 사용할 수도 있다.

과학적 과정기능이 통합적으로 포함된 활동은 유아들의 활동을 활발하게 하며, 유아들과 유아, 교사와 유아들 간의 상호작용을 증진시킬 수 있다(활동시간에 할 말이 많아진다).

유아들을 위한 과학적 과정기능의 종류와 활용은 교사가 창의적인 활동의 고안을 통하여 다양하게 확장시킬 수 있는데, 과학적 과정기능은 가르쳐야 할 필수 요목이나 매뉴얼을 만들 수 없다. 유아들의 활동에서 과정에서 일어나기 때문에 상황이나 학급의 맥락에 따라 활동은 교사들이 창의적으로 연구함에 따라 얼마든지 만들 수 있다.

3 탐구학습모형

(1) 탐구학습의 개념과 탐구학습모형

탐구라는 용어는 존 듀이(John Dewey)가 처음으로 사용한 것으로 알려져 있는데, 탐구는 지식의 구조와 내용 그리고 관계들을 이해하고 문제해결을 위한 과학적인 방법을 사용하는 지적인 활동이다.

탐구란 개별적인 증거에 그쳐서는 안 되고 타인에 의하여 객관적으로 증명되어야 한다는 탐구적 방법론의 전제하에 학습에서도 실증적인 과정을 거쳐 지식을 습득하는 체계적인 과정이라고 할 수 있다.

1960년대 이후 학문중심의 교육과정이 진행되면서 과학교육에서도 문제해결과정이나 탐구의 방법을 강조한 탐구학습이 도입되기 시작하였다. 흔히 Inquiry Learning으로 불리는 탐구학습은 1964년 슈왑(Schwab)이 처음 사용하였는데, 듀이의 반성적 사고(reflective thinking)에 기초한 지적인 힘은 결과보다는 그 과정에 특징지어진다는 주장에 근거하고 있다(김명숙, 2007).

과정이 결과보다 더욱 중요하다면 학습이란 것은 이미 만들어져 있는 지식을 그대로 교사에게 전수받는 것이 아니라 학습자가 스스로 지식을 탐구하는 과정 자체가 더욱 중요한 형태가 된다. 탐구학습모형은 이러한 점을 고려하여 탐구의 과정을 학습형태로 만들어서 다양한 적용과 효과 검증을 거쳐 절차화된 모형으로 개발되었다.

과학영역에서 탐구학습모형은 많은학자들에 의하여 제시되었는데, 슈왑, 서치먼, 마시알라스(Schwab, Suchman, Massialas)의 탐구학습모형이 대표적이며 그 외에도 영역별로 수많은 탐구학습모형이 개발되었다. 탐구학습의 개념이 확인되고 학교에서 사용하면서부터 탐구과정이 대체로 유형화되고 공통적인 과정이나 단계들이 만들어지고 학습에 적용되었다.

〈표 9-3〉 Schwab, Suchman, Massialas의 탐구학습모형단계의 비교

	모형의 단계
Schwab	문제의 발견과 인식 → 가설설정 → 변인확인과 실험설계 → 정보의 수집과 처리 → 수집된 정보의 해석 및 분석을 통한 가설검증 → 결론 및 일반화(적용)
Suchman	문제와의 직면 → 문제확인 → 정보의 수집과 실험하기(가설의 설정과 검증) → 탐구결과의 정리와 설명 → 탐구과정의 분석(학습과정의 평가)
Massialas	상황의 가이드(문제제시와 명료화) → 가설의 설정 → 가설의 명료화 → 가설의 탐색 → 가설검증을 위한 정보의 수집과 분석 → 결론 및 일반화

위의 표 9-3에서 세 가지의 기본적인 탐구학습모형이 제시되고 있는데 공통적인 단계들이 있다는 것을 알 수 있다. 학습자가 당면한 문제를 확인하고 이해하는 단계와 가설의 설정과 검증, 그리고 일반화의 단계이다. 이 단계들은 탐구학습모형의 핵심적인 단계로서 학습자가 문제의 파악을 토대로 자신만의 생각을 만들고, 그것을 증명하여 일반적 원리를 도출하는 일련의 과정이다.

(2) 탐구학습의 장점

탐구학습은 과정중심의 학습의 대표적인 형태로서 여러 가지 장점을 가지고 있다. 무엇보다도 탐구에 있어서 체계적인 방법을 획득하게 된다는 점에서 과학적 사고능력의 배양과 문제해결력의 향상을 가져올 수 있다.

① 탐구는 논리적인 사고방법과 사고과정으로서 탐구학습과정을 통하여 사고능력의 체계적인 배양에 도움이 된다

② 학습자들이 학습과정에 적극 참여함으로써 상호작용의 경험을 축적할 수 있다.

③ 탐구의 과정에 참여하여 탐구하는 태도와 습관을 기를 수 있다.

④ 탐구에 필요한 지적기능을 습득할 수 있다.

이외에도 탐구과정을 통하여 자기자신의 능력에 대하여 신뢰감을 가지게 되고, 자신이 직접 참여하였기 때문에 학습결과에 대하여 책임감을 가지게 된다. 특히 탐구학습의 과정에 참여하여 학습계획을 스스로 세우고, 자료와 정보들을 조직하는 것을 알게 되므로 인지적 능력의 향상에 긍정적인 영향을 주게 된다.

또한 학습의 과정에서 알게 된 사실을 무조건적으로 수용하기보다는 문제를 제기할 수 있는 비판적 · 합리적 사고능력도 배양할 수 있다.

(3) 탐구학습을 위한 학습자 활동요소의 구성

탐구학습모형들의 단계들을 실제 수업상황에 비추어 분석해 보면 학습자들이 수행해야 할 대체로 공통적인 활동 요소들로 이루어져 있으며 필수적인 단계들도 발견할 수 있다.

탐구학습모형에서 학습자가 행해야 할 기본적인 구성요소를 수업 전과 수업의 과정, 수업 후로 분류하여 살펴보자.

〈표 9-4〉 **탐구학습을 위한 학습자의 활동**

구분	활동
수업전	• 효율적인 소집단의 조직 • 수업을 위한 소집단 운영 훈련
수업과정	• 아이디어의 생성과 나누기 • 다른 집단과의 의사소통 • 정보의 효율적인 수집과 분석 • 적절한 역할분담
수업후	• 학습과정의 성찰 • 학습과정의 자체적인 평가

표 9-4는 탐구학습의 과정에 필요한 학생들의 활동들을 수업 전후와 과정으로 나누어 제시한 것이다. 그러나 표에 제시된 활동들은 상당히 어려운 지적 활동들이다.

탐구학습모형에서 가설을 설정하는 것은 공통된 단계인데 가설의 설정을 위하여 아이디어를 나누고 정보를 분석하고, 가설검증을 위한 실험설계를 하기 위하여 변인을 확인하고 정보를 수집하는 것은 성인에게도 매우 어려운 활동이다.

이러한 탐구학습모형의 전개가 수업과 동시에 제한된 시간 내에 유치원에서 원활하게 이루어 질것인가? 에 대한 대답은 자명하다. 탐구학습모형을 실제 수업에 적용시키려고 한다면 사전에 학생들의 훈련이 필요하며, 학생들이 이러한 활동들을 자연스럽게 수행하려면 연습이 필요하며 익숙해지기까지는 시간도 많이 걸린다. 왜냐하면 표 9-4에서 제시된 활동들은 고차원적인 지적활동이며 교사의 가이드하에 학생들이 자발적으로 참여해서 이루어지기까지는 사전에 장기간의 훈련이 필요하다.

과학수업의 경우, 초중등학교에서는 탐구학습의 과정을 학생들에게 소개하고 운영에 대한 연습이 필요하며, 학생들이 역할을 적절하게 수행해야 실효성 있는 수업이 된다. 따라서 수업전의 사전준비과정이 매우 중요하며, 수업과정 중 학생들이 활발하게 의사소통을 할 수 있는 개방된 분위기가 학급에 조성되어야 한다.

구성주의교실에서 가장 중요한 것은 의사소통의 채널이 넓고 다양해야 한다는 것인데 학급의 전반적인 분위기가 폐쇄적이고 학생들의 의사소통이 소극적이라면 탐구학습은 제대로 진행되기가 어렵고 소집단학생들의 참여가 불균형을 이루기 시작하면 특정 학생들만 수업에 참여하게 된다. 즉, 학생들의 강력한 학습동기, 자발적인 학습참여태도와 정보수집능력, 그리고 다른 학생들과의 의사소통하기에 대한 익숙함 등이 우선되지 않으면 원활한 수업의 진행은 불가능하다.

탐구수업이 본래의 목적인 다양하고 질 높은 탐구기능을 학습자가 체득하기 위해서는 수업에 필수적인 절차와 전제가 있다.

첫째, 탐구문제의 선정에 있어서 학생들이 직접 참여해야 한다.

둘째, 학생들이 자발적·능동적으로 발견하는 활동에 참여해야 한다.

셋째, 체계적인 탐구활동의 과정들에 교사와 학생 모두가 익숙해져야 한다.

넷째, 소집단의 토의를 거쳐서 아이디어를 명료화하는 과정이 있어야 한다.

다섯째, 협동적인 학습의 수행능력이 길러져야 한다.

(4) 유치원 과학 수업에 적합한 탐구학습

앞에서와 같이 탐구학습모형의 전개는 유치원에서 매우 어려운 일이며 따라서 유치원에 적절한 형태의 탐구학습모형개발이 필요하다.

탐구학습은 과학교육에서 가장 유명한 수업방법이다. 여기서 유명하다는 말은 초중등의 과학수업에서 많이 적용되었고 가장 잘 알려진 수업방법 혹은 가장 적합하다고 알려진 것이라는 것이지 실효성이 가장 높은 수업형태는 아니라는 것이다.

유치원수업에서도 마찬가지이다. 초중등학교에서 가장 널리 쓰인다고 해서 유치원의 수업에 적합한 것은 아니다.

탐구는 과학자가 문제를 해결하는 과정에서 실증적인 탐구방법을 사용하는 체험을 함으로써 과학적인 사고와 문제해결력을 기르는 것인데, 탐구라는 용어가 가지고 있는 과학과의 관련성 때문이기도 하다.

그러나 실제로 유아를 위한 수업진행에 있어서는 이론과 실제에 있어 많은 괴리가 있을 수 있다. 특히 많은 탐구학습에서 강조하고 있는 가설의 검증절차는 논리적으로 유아들에게 매우 어려운 부분이며 가설의 설정이라는 수업의 과정부터가 매우 난해하다

가설은 의문에 대한 잠정적인 해답이다. 단순히 유아들에게 의문을 가

지게 하고 자신이 생각하는 답을 말하는 것이 가설의 설정이라고 단순히 생각한다면 그리 어렵지 않으나 가설에는 인과관계나 상관관계에 대한 근거가 어느 정도 마련되어 있어야 하며, 그러기 위해서는 문장의 구성에 대한 사전학습이 필요한 부분이 있다. 따라서 유아들이 가설을 설정하게 하는 것은 일반적으로 가설형태의 문장인 "만약 ~한다면, ~할 것이다"라는 문장의 형태가 유아들에게 익숙하도록 가르쳐야 한다.

우리는 탐구학습모형은 유치원 수업적용연구가 상당수 성공적이라는 연구결과를 많이 접하게 된다. 그러나 완벽하게 설정된 실험연구와 일상적인 유치원 수업과는 다소 차이가 있으며, 다만 그러한 연구를 통하여 탐구학습모형의 핵심적인 효과에 대한 시사점을 제공하는 것이다.

실제로 탐구학습의 가장 큰 단점이라 한다면 절차적인 경직성이다. 탐구학습의 절차를 지나치게 강조하면, 유치원을 졸업하고 초등학교에 입학한 아동들에게는 과학은 재미있는 활동이 아닌 정해진 절차를 따라가는 다소 까다롭고 재미없는 학습으로 인식되게 한다. 교사들에게 있어서도 과제의 인식이나 학습문제의 확인 그리고 아동들에게서 일반화된 원칙을 유도해 나가는 과정은 상당한 수준의 활동내용의 재구성을 요구한다.

탐구학습의 절차가 사고력을 기르고 태도를 양성하는 데 분명히 효과가 있다는 것은 많은 현장에서의 검증연구에서 입증되고 있으며, 학습효과에 대한 이견은 없다. 그러나 정해진 절차를 따라가는 학습은 흥미와 유아들의 적극성을 반감시킬 수 있으며 사고방법의 다양성을 스스로 해칠 수 있고 기존의 실험이나 탐구결과를 그대로 답습할 수 있는 위험이 있다.

교사의 입장에서도 단계에서 필수적인 교사의 역할을 숙달하려면 상당한 노력과 시간이 필요하며 이러한 점들이 부담이 될 수도 있다.

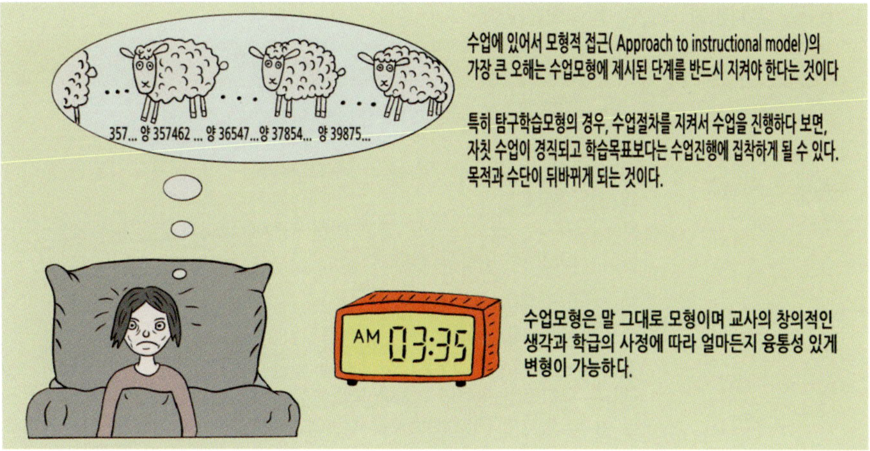

주객전도

유치원의 유아들의 경우에는 더욱더 그러한 측면이 크다고 할 수 있다. 따라서 교사는 탐구학습모형의 가장 근본적인 취지를 이해하고 자신의 학급의 유아들에게 적절하게 수정하여 사용할 수 있어야 한다.

교사에게 아무리 성공적인 수업이었다 한들, 그 수업이 유아들을 피곤하게 만들고 어렵게 만들고 재미없게 만들었다면 교육적으로 무슨 의미가 있을 것인지 생각해 보아야 한다.

유치원에서 적용할 수 있는 탐구수업 모형을 제시해 보면 다음과 같다. 본 탐구 학습모형은 사물이나 자연현상의 관계성 발견단계에 중심을 두고 구성하였으며 가설설정이라는 용어는 사용하지 않았다. "(나중에)결국 어떻게 될까?", "이렇게 하면 저렇게 될 것 같아요"라는 형태도 가설의 형태이므로 탐구주제에서 사용할 수 있으며, 예상하기 같은 이름으로 수정해서 사용할 수 있을 것이다.

〈표 9-5〉 유치원에 적합한 탐구학습모형

단계	교사-유아 활동
과제의 인식 단계	• 교사의 문제제시 • 아동의 문제이해 - 학습절차의 명시와 교사와 유아 유아와 유아들 간의 질문과 대답을 통하여 과제를 명료화함 * 문제의 제시는 교사가 해도 좋고 이전 시간에 이어서 연관된 주제를 유아들이 선택할 수 있도록 한다.
자료의 수집과 정보의 공유	• 과제해결방법 확인 • 자료 및 정보수집과 분석 - 유아들 간의 이야기 나누기와 교사의 설명, 질문과 대답 * 교사는 유아들이 탐구의 절차에 익숙해질 수 있고, 정보와 자료수집을 스스로 할 수 있도록 어떤 방법으로 수업이 진행되고, 어디에서 자료를 가져올 수 있을지 가이드한다. 사실 이 부분이 탐구수업에서 가장 어려운 부분이므로 교사가 유아들과 활동을 같이 할 수 있도록 한다.
관계성의 발견과 검증	• 관계성의 탐구 • 실험이나 검증활동 - 유아들 간의 이야기 나누기와 교사의 설명, 질문과 대답 * 주제관련 영상이나 간단한 실험을 통하여 원리를 발견할 수 있도록 한다. 관계성의 발견에서 가설검증을 위한 실험으로 연결될 수 있으면 좋다.
일반화 및 평가단계	• 이야기 나누기 • 발표하기 • 어떤 과정이 학습에 도움이 되었는지 알기 - 수업과정에 대한 반성 • 어느 부분이 즐거웠는지 어느 부분 때문에 더 잘 알게 되었는지 이야기해 보기 * 일반화를 위한 예나 모형 등을 준비하면 더욱 효과가 있다. 평가는 수업내용의 확인보다는 무엇을 할 때 즐거웠는지를 발표하게 하거나 무엇을 할 때 하기 싫었는지를 발표하게 하는 것이 더욱 좋다.

표 9-5의 탐구학습모형은 탐구학습의 기본적인 절차를 유치원에 적절하게 좀 더 간략하게 구성한 것이다. 탐구학습은 학습의 결과적인 측면에서는 개념의 획득과 원리의 발견에 초점을 두고 있지만, 구성주의적 시각의 교육에서는 학생들의 참여가 가장 중요하다. 특히 유치원에서는 교사의 가이드보다는 유아들의 자발적이고, 적극적인 참여 태도의 형성이 더욱 중요하다.

유치원에서는 보다 자유롭고 과정중심적인 학습체제가 반영된 탐구학습모형이 필요하며, 형태적으로는 매우 체계적이고 목표지향적인 수업 형태이지만 교사의 적절한 수정에 의하여 과정 중심적으로 진행할 수 있어야 한다.

4 모델베이스 학습

모델(model: 모형)이라는 말은 교육현장뿐 아니라 일상에서 널리 쓰이는 용어이다. 흔히 교육현장에서는 모형, 모범사례나 예로 불리기도 하는데 복잡하고 세밀한 현상이나 사물의 이치나 작동원리를 알기 쉽도록 단순화한 것이라 할 수 있다.

일반적으로 인간은 사물이나 현상에 직면하여 강하게 자극을 받을 경우 그 이미지는 내면에 저장된다(물론 우리가 아는 그림이나 사진의 형태는 아니다). 그리고 그것을 다시 의식에 떠올려 재현했을 때, 표상이라고 부른다.

로봇은 인간의 모형이라고 할 수 있다

이러한 표상의 형성은 유아가 사고를 하고 있다는 증거이며, 말로 표현되면 언어적 표상이고 그림으로 표현되면 시각적 표상이 된다. 이것이 모델이며 모델은 유아의 내면에서 형성된 멘탈모델이 외부로 표현된 것이다.

(1) 과학교육에서 모델의 사용

우리는 과학시간에 학습주제와 연관된 수많은 사물과 현상을 접하게 된다. 대부분의 경우 그러한 주제는 교실에서 직접 눈으로 보거나 조작할 수 없다. 비록 최근에는 컴퓨터나 인터넷을 활용하여 동영상을 수업시간에 쉽게 접하고 있지만, 직접 만져보거나 체험하는 것만큼의 효과는 얻을 수 없다.

우리가 화산이나 태양계에 대해서 알아보고자 할 때, 혹은 자동차의 조향원리를 이해하고자 할 때 그러한 것들은 교실로 가지고 올 수 없으며, 가지고 올 수 있다고 하더라도 분해하지 않는 한 내부에서 일어나는 복잡한 작동의 메커니즘과 그것에 영향을 미치는 변인들을 직접적으로 이해할 수 없다. 우주나 화산폭발 같은 자연현상의 경우는 인간이 접근하기조차 어렵다. 따라서 교육현장에서는 그러한 것과 관련된 많은 모형들을 사용한다.

모델을 통하여 우리는 새로운 시스템이나 작동원리 같은 것을 쉽게 알 수 있고 이해할 수 있으며 시스템의 작동을 예측할 수 있다. 자연현상의 경우 현상을 발생시키는 원인이나 변화를 가져오는 변수, 그리고 결과들을 모델을 통하여 이해할 수 있다.

미술의 그리기와 과학에서의 모델링의 차이점은 설명력에 있다. 같은 대상을 그린다고 해도 미술시간의 그림은 외관의 묘사와 심상적인 표현이 강조되지만, 과학모델은 그림을 통하여 대상이 되는 사물과 자연현상의 작동메커니즘이나 인과관계를 이해할수 있어야 하기 때문에 설명력이 강조된다.

미술의 그리기와 과학에서의 시각적 모델링

이러한 모형의 장점 때문에 과학교육에서는 많은 모델들이 활용되고 있다. 모델링(modeling)은 모델은 모델링의 결과이며, 모형을 제작하는 것 혹은 시스템이나 절차를 간단히 설명하기 위한 견본을 만드는 것을 가리키는 용어이다.

(2) 전통적인 과학교육과 모델의 사용

지금까지의 과학교육에서 모형의 사용은 몇 가지의 문제점이 있다.

첫째, 모형을 언제, 어떻게 학습에 사용하였나 하는 것이다.

이것은 모형의 사용이 단순히 교과서나 교사 설명을 보충하는 보조자료로 사용되었는가? 그리고 사물이나 자연현상에 대한 모델을 학생들이 직접 만들어 보았는가 하는 문제이다.

전통적인 과학수업에서는 교사의 설명과 질문이 이어지고 해당 수업 제재에 대한 예나 모형이 등장하고 관련 내용을 이해하고 원리들을 교사가 정리할 것이다. 즉, 전통적인 과학수업에서 모형은 학습한 원리가 어떻게 사용되는지를 확인하여 주는 역할을 하였다.

둘째, 모형의 구성자가 누구인가 하는 문제인데, 이것이 수업에서 가장 중요하다.

우리는 과학수업에 많은 모형을 사용하지만, 그 모델의 구성은 학생들이 한 것이 아니고 과학자나 전문가가 만들어 놓은 것이다. 학생들은 누군가가 미리 만들어 놓은 모형을 이용하여 원리를 확인하는 학습을 한 것이다.

수업에서 모델을 학생들에게 보여주고 원리를 이해시키는 것은 지금까지는 너무나 당연한 모델의 사용방법으로 생각하여 왔지만, 그러한 형태의 수업은 너무나 판에 박히고 학생들이 모형의 작동원리보다는 시스템 작동의 결과적인 부분만을 이해하게 되었고, 어떠한 과정을 거쳐서 그러한 시스템이 작동되는지는 알아보거나 확인할만한 시간을 갖지 못하였다.

〈표 9-6〉 전통적인 과학 수업에서의 모델사용과 모델링베이스의 수업비교

	전통적인 수업	모델중심의 수업
모델 구성자	과학자, 전문가, 교사	학생
모델사용자	학생	학생
수업활용	만들어진 모델을 조작하여 원리의 확인, 간접체험, 모범사례, 예	직접 모델을 만들어 보는 과정이 수업
평가활용	없음	발달 수준이나 사물과 현상에 대한 이해의 수준 파악

(3) 학생들이 직접 모형을 만들어 가는 모델링중심의 수업

① 모델과 모델링

유치원에서도 다각적인 수업의 모형적 접근(Approach to Instructional Model)을 시도하고 있으며, 그 적용의 효과를 검증하기 위하여 많은 연구가 시도되고 있다. 수업의 모형적인 접근은 교사의 주도적인 수업에서 벗어나 수업에 참가하는 주체들의 상호작용을 체계화할 수 있다는 점과 수업의 목표에 도달하는 체계적인 방법을 사용함으로써 수업의 효과성을 높이는 장점이 있다. 그러나 그 절차에 얽매여 융통성이 필요한 수업상황에서 대처하지 못한다면 그 효용성은 떨어지게 된다.

특히 유치원처럼 유아들의 반응을 쉽게 예측할 수 없으며, 구조화된 반응보다는 다양한 반응을 필요로 하는 곳이라면, 절차화된 수업모형은 하나의 가이드로서의 역할이 크며 나머지는 교사가 수업목표에 맞게 절차를 바꾸어서 진행해야 한다.

전통적으로 모델은 과학적 원리나 개념을 확인하고 이해하는 수업의 보조자료로 사용되어 왔지만 모델의 사용은 상당히 제한적이었다. 즉, 사물과 현상에 대한 지식을 교사의 설명과 책을 통하여 획득하고 모델

을 통하여 그것을 확인하는 방법은, 학습자의 지식구성을 강조하는 구성주의적 학습의 관점에서는 지식의 의미와 실질적인 학습효과 면에서도 부족하다.

따라서 과학수업에서 모델의 단순한 사용보다는 학생들이 직접모델을 구성하고 자기가 만든 모델을 수정하고 재구성하는 과정이 필요하다.

과학에서 모델베이스 수업모형은 과학수업에 모델을 사용하는 수준을 넘어서 학생들이 직접 모델을 구성하고 스스로 평가하는 과정을 수업절차화한 것이라고 간단히 말할 수 있다.

모델은 모델링의 결과이며, 학습자가 인지한 사물이나 현상에 대한 내용이 타인에게 이해될 수 있는 형태로 나타나는 학습자의 내적표상이다. 따라서 학습자의 사물이나 현상에 대한 개념이 변화하면 학습자가 만들어 내는 모델도 변화할 것이다. 이것은 학습자가 만든 개념의 변화가 모델링의 수준과 유사하다는 결론을 내릴 수 있다(Duit, 2003; Harrison & Tresgust, 2000).

〈표 9-7〉 모델의 종류

시각적 모델	언어적 모델	행동적 모델	수학적 모델
• 그림, 다이어그램 • 애니메이션 • 그래프 • 축소모형(스케일모형) • 컴퓨터 시뮬레이션	• 언어적 설명이나 추론 • 사물이나 현상의 언어적 묘사 • 은유 • 시각적 모델을 혼합하여 나타낼 수도 있다	• 몸짓으로 보여주기 • 무용이나 율동 • 언어적 모델이나 시각적 모델을 결합한 형태도 있다	• 수학의 등식 • 화학 공식 • 컴퓨터 시뮬레이션 같은 시각적 모델과 결합될 수 있다

즉, 학습자가 모델을 만들어 내는 모델링의 과정을 수업에 적용시켜 사물이나 현상에 대한 학습자의 개념 형성과 변화를 유도하는 것이 모델베이스 러닝이다.

다음의 모델링의 학습적인 기능을 살펴보면 교수-학습의 방법으로서의 모델링의 가치는 더욱 명확해진다.

② 모델과 모델링의 기능

모델은 개인의 내적표상을 다양한 형태로 표현한 것이며 사물이나 현상의 내적인 관계성과 그것을 이루고 있는 요소들을 알기 쉽게 보여줄 수 있기 때문에 모델을 만드는 모델링은 과학교육의 중요한 도구가 된다.

리피트(Lippit, 1973)는 모델은 일종의 시각적인 사고라고 할 수 있으며, 사물과 현상에 대한 시각화는 지각능력을 높일 수 있다고 하였다. 문제해결이라는 측면에서 모델은 복잡한 문제를 간략화시키거나 구체화시킬 수 있으며, 문제해결의 키(key)를 제공할 수 있다. 즉 시각화시키거나 단순화시킨 복잡한 문제는, 문제를 이해하는 데 도움이 되며, 모델링을 통하여 복잡한 문제해결과정의 첫 번째 힌트를 제공할 수 있다.

가. 설명적 기능

모형은 사물이나 현상을 알기 쉽게 다양한 형태로 표현한 것이기 때문에 사물이나 현상을 쉽게 이해할 수 있도록 해 준다. 우리가 크고 복잡한 자동차의 내·외부의 구조를 알기 어렵지만 축소모델이나 3D모델을 보게 되면 자동차의 기본적인 내·외부의 메커니즘을 쉽게 알 수 있다. 사물의 경우에는 구조와 기능을, 어떤 현상의 경우에는 원인과 결과를 쉽게 파악할 수 있도록 해 준다. 특히 교육에서는 설명적인 기능이 매우 중요하며, 의사소통의 도구가 된다.

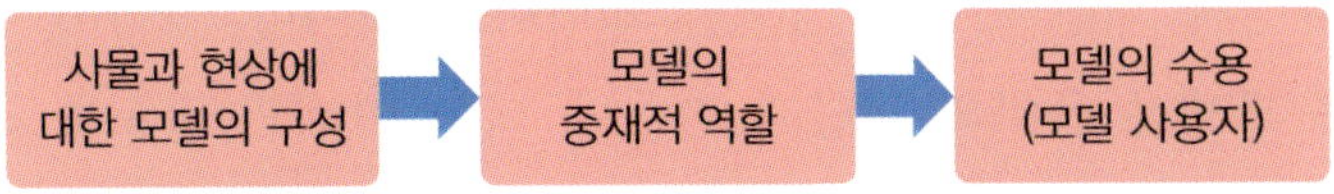

출처: Lippit(1973).

[그림 9-1] 모델의 설명적 기능

나. 표상표현기능

표상이 만들어진다는 것은 유아의 도식이 형성된다는 말과 유사하다. 표상은 사물이나 현상에 대한 인식을 구성하는 것이라 할 수 있는데, 우리는 흔히 표상이라고 하면 이미지적인 것을 연상하지만, 헬포드(Halford)는 "뇌속에 어떤 그림이 그려지는 것은 아니다"라고 하였다. 즉, 하나의 대상이나 현상에 대한 생각이 형성되었을 때 그것이 표상이며, 표상이 외부로 표현될 때 비로소 이미지적 · 청각적 · 신체적 · 언어적인 형태로 나타나게 된다.

다. 의사소통기능

의사소통기능은 교육에서 가장 중요한 부분이라고 할 수 있다. 교실수업에서 사물이나 현상에 대한 학생들 개인의 모델이 형성되면 그 모델을 다른 학생들에게 설명하거나 토론하는 과정에서 모델의 잘된 점이나 자신이 만든 모델과의 차이점들을 학생들은 인식하고 모델을 수정하게 된다. 이러한 과정을 통하여 인지의 공유가 일어나게 된다. 따라서 가장 강력한 의사소통기능을 하게 된다.

라. 평가기능

모델은 사물과 현상에 대한 이해의 정도를 나타내어 줄 수 있다. 특히 유아의 경우, 특정 대상에 대한 그림을 그려내거나 그림을 보고 설명할 경우 그 대상에 대한 이해의 정도를 표현하는 것이다. 따라서 유아가 만들어 내는 모델은 유아의 사물과 현상에 대한 이해의 정도를 측정할 수 있도록 해 준다.

"유아들이 만든 모델은 평가도구로 활용할 수 있을 것인가?"

다음 그림들은 만 5세 유아 80명에게 가스로 움직이는 장난감 총을 작동해 보도록 한 뒤, "도대체 장난감 총 안에서 어떤 일이 일어났을까?"를 상상하여 작동모델을 그려보도록 한 것이다.

유아들이 그려낸 그림은 대체로 3가지 형태의 그림으로 분류될 수 있었다. 이 그림들을 살펴보면 〈그림 1, 2, 3〉이 모두 같은 생각들과 관점에서 그렸다고 할 수 없다

정답은 존재하지 않지만 분명한 차이점들이 나타나고 있으며, 유아들이 자기가 관찰하고 조작해 본 사물에 대하여 어떤 점을 강조하여 그려냈는지 알 수 있다.

〈그림 1〉의 경우는 장난감의 총의 외부적인 묘사보다는 내부의 작동에 대하여 상세하게 설명하고 싶어 한다. 〈그림 2〉는 장난감 총의 외부모습과 내부에서 일어나는 일을 비교적 자세히 묘사하고 있으며, 그림으로 묘사가 힘든 부분은 "이거 때문에"라는 문장으로 나타내고 있다.

이 그림들은 유아들이 사물이나 현상에 대하여 추론모델을 만들 때, 유아들의 사전지식이나 경험에 기반하여 차이들이 있음을 알려준다. 특히 〈그림 1〉의 경우에는 화살표라는 기호를 사용했다는 점에서 해당 유아의 경우 화살표가 이동하는 모습을 표현한다는 **일상적 쉐마**를 형성하고 있다는 것을 알 수 있다(화살표의 사용은 가정에서나 유치원에서의 가르침보다는 수많은 일상에서의 그림이나 매스미디어의 자료를 접하는 경험에서 스스로 익힌 것이라 생각된다. 우리가 책을 읽을 때 가로에서 세로로 읽어 나가는 것이 아주 자연스럽게 체득된 것처럼).

이러한 모델링은 유아들 사고발달에 대한 다양한 정보를 제공해 줄 수 있다.

물론 이 그림에서 "어떤 모델이 장난감 총의 움직임을 잘 나타내주고 있는가?"라는 질문을 한다면 차이점보다는 우월한 점을 찾아낼 수도 있을 것이다. 그러나 유아들이 사물이나 현상의 어느 부분에 주목하고 어느 부분을 강조하여 나타내고 싶어 하는가 하는 측면에서 생각해 보면 그런 질문은 의미가 없으며, 유아들에게서 얻어낼 수 있는 정보가 매우 제한적이다.

〈 그림 1 〉

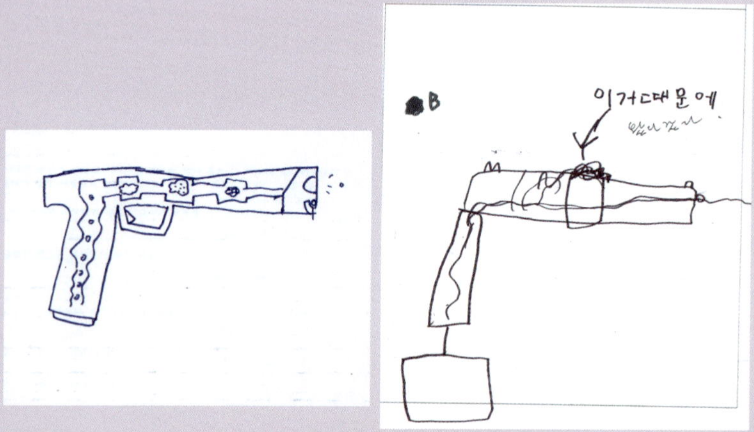

〈 그림 2 〉

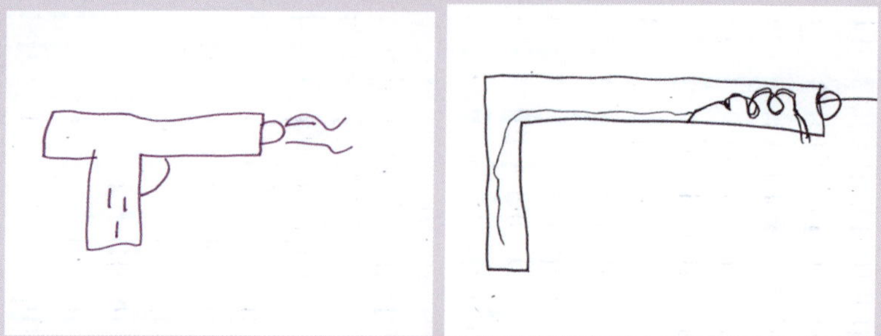

〈 그림 3 〉

유아들의 장난감 작동 메커니즘 추론해서 그리기

③ 모델링의 수업 활용

수업의 모델적 접근에서 가장 중요한 것은 모델의 사용이 아니고 모델을 만들어 가는 과정에 있다. 우리가 모델을 사용한다는 것은 이미 누군가가 만든 것을 사용한다는 것인데 그것은 유아들의 개념적 변화를 촉진하는 데 있어서 큰 도움을 주지 못한다(다만 아동들의 호기심과 흥미를 끌어 교사의 원활한 수업진행에는 도움을 줄 것이다).

모델의 사용보다 더욱 중요한 것은 모델을 만드는 과정이므로, 만약 유아들이 모델을 직접 만들어 보고 이해할 수 있다면 교사의 과학수업 효과는 더욱 의미 있어질 것이다.

가. 모델링과 리모델링

모델링(modeling)이란 어떤 사물이나 현상에 대하여 모델 구성자가 모델을 만드는 것이다. 리모델링(remodeling)은 이미 구성한 모델을 수정하여 다시 만들어 내는 것이다.

사물이나 현상들 간의 공통점과 차이점을 찾아내거나 원인과 결과를 만들어내는 요소들 간의 관계성을 파악하는 과정이라고 할 수 있으며 이에 따른 모델링의 결과가 앞에서 설명한 모델이 된다.

길버트(Gilbert, 2008)는 "모델링의 결과인 모델은 과학교육의 핵심적인 방법론이다"라고 하였는데 모델을 구성하는 과정이 학습자가 사물이나 현상에 대한 정보를 수집하고 분석하고 그것을 단순화하거나 혹은 구체화하여 알아보기 쉽게 만드는 것이 곧 학습자의 개념형성과 변화를 나타내는 것이기 때문이다.

그림 9-2는 학습자가 표적 대상이 되는 현상이나 사물을 직면하고 과학적 과정기능을 사용하여 사물과 현상에 대한 모델을 만드는 모델링

과정을 나타낸 것이다.

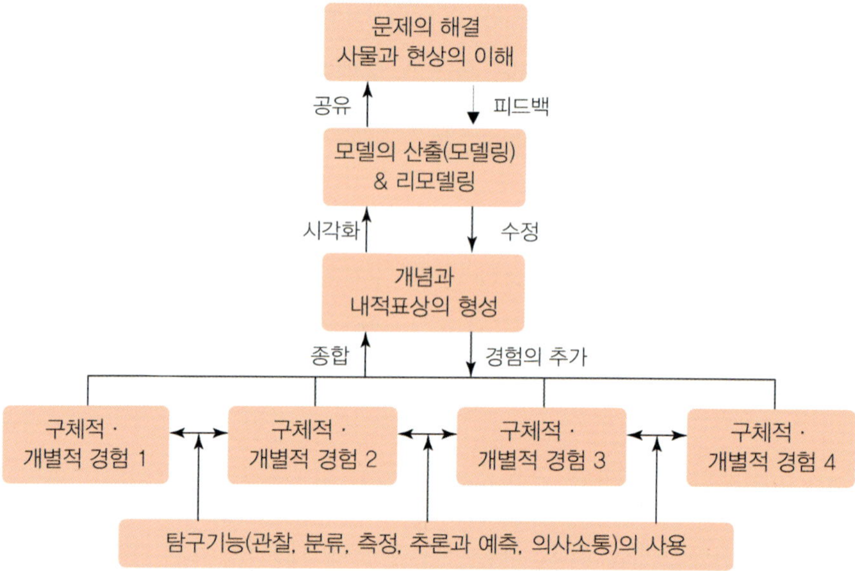

[그림 9-2] **학습자의 사물이나 현상에 대한 모델링의 과정**

모델링이 과학교육에서 가치를 주장할 수 있는 근거는 모델링이 유아들의 도식의 형성과 변화를 반영하고 있으며, 모델링 과정에서 일어나는 다양한 상호작용과 유아들이 사용하게 되는 과학적 과정기능(Scientific Process Skills)의 사용 때문이다.

또, 모델링의 가치를 더욱 높일 수 있는 과정이 리모델링(remodeling)이다. 리모델링은 구성한 최초의 모델을 수정하여 다시 구성하는 과정인데, 리모델링의 결과로 유아들이 최초로 만들어냈던 모델의 형태나 기능이 변화하는 것은 사물이나 현상에 대한 유아들의 도식이 변화했거나 개념의 확장이 일어났다는 것을 알려주는 것이다. 따라서 모델링 중심의 수업방법에서 리모델링이 가장 핵심적인 과정이며 그 결과로 모델의 변화를 통한 사고의 수정과 개념의 변화를 교사나 학생이 경험할 수 있다

리모델링은 유아의 사고 변화를 짐작하는 중요한 과정이다. 만약 유아에게 주어진 과제가 있고, 몇 가지의 새로운 요인들, 그리고 다른 아동들과 교사와의 상호작용이 제공된다면, 유아들은 최초에 만들었던 모델보다 세련되고 업그레이드된 두 번째 모델을 산출하게 된다. 어떠한 요인들이 유아들의 사물과 현상에 대한 과학적인 개념의 형성과 변화를 촉진시키는지 알아보자.

나. 모델변화의 요인

- 새로운 정보: 사물과 현상에 대한 최초의 모델이 변화하려면 새로운 정보가 있어야 한다. 즉, 최초의 모델 구성 시 사용했던 정보들 외에 새로운 정보가 추가된다면, 모델의 재구성과 변화가 가능해지며, 이것은 보다 발전된 모델 구성을 가능하게 한다. 교사는 수업 전 사전에 미리 세밀하게 정보의 범위를 미리 설정해놓는 것이 보다 효율적인 수업이 될 것이다.
- 다른 모델과의 비교: 다른 사람이 모델과의 비교를 통하여 자기가 만든 모델을 보강하거나 미비한 점을 수정할 수 있다. 이것은 다른 사람들과의 의사소통을 통하여 인지를 공유한다는 측면에서 모델링 중심의 수업에서 매우 중요한 요소이다. 다른 아동에게 자기가 만든 모델을 보여주거나 설명하고, 또 다른 아동의 모델을 보거나 설명을 듣게 되면 자신이 만든 모델을 수정할 필요성을 느끼게 되거나 혹은 스스로의 리모델링 요구에 따라 자신의 모델을 수정하게 된다.
- 교사의 피드백: 교사의 피드백 역시 모델변화에 있어서 중요한 요소인데, 교사는 이른바 교육용 모델이라고 하는 정답 역할을 하는 모델을 가지고 수업을 진행할 수 있다. 특정한 과학적 지식이 목표인 수업에서는 학생들의 모델을 평가할 수 있는 기능을 할 수 있으므로 교사의 피드백은 학생들이 구성하는 모델에 변화를 가져올 수 있다.

이처럼 모델의 변화는 타인이 만든 모델을 보고 자기의 오류를 수정하게 되거나 혹은 새로운 정보나 새로운 관점을 가진 타인과 상호작용한 결과이므로 모델링의 과정 자체를 경험하는 것이 중요한 인지적 자극이 된다.

다음의 그림은 모델링의 과정을 수업에 적용할 수 있도록 절차화한 것인데, 아동들의 과학적 과정기능을 이용한 탐색에서 출발하여 모델을 완성하기까지의 과정을 나타낸 것이다.

관찰과 표상, 재표상으로 이루어진 일련의 절차는 유아와 유아 교사와 유아의 긴밀한 언어적 상호작용을 통하여 진행되어 간다.

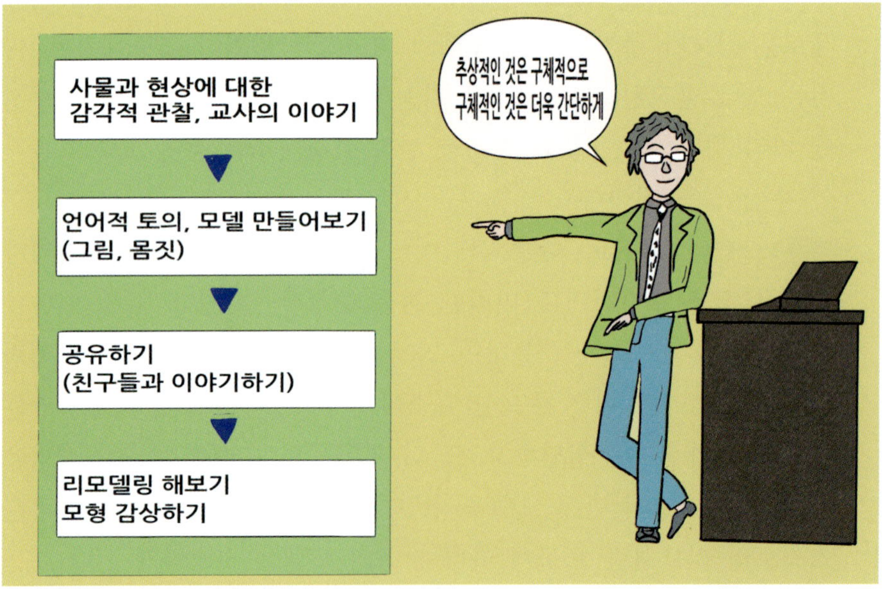

모델링 수업의 과정

위의 과정을 유치원의 과학수업에 적합한 형태로 설계하여 보면 다음과 같은 형태의 절차적인 수업모형으로 도출이 가능하다.

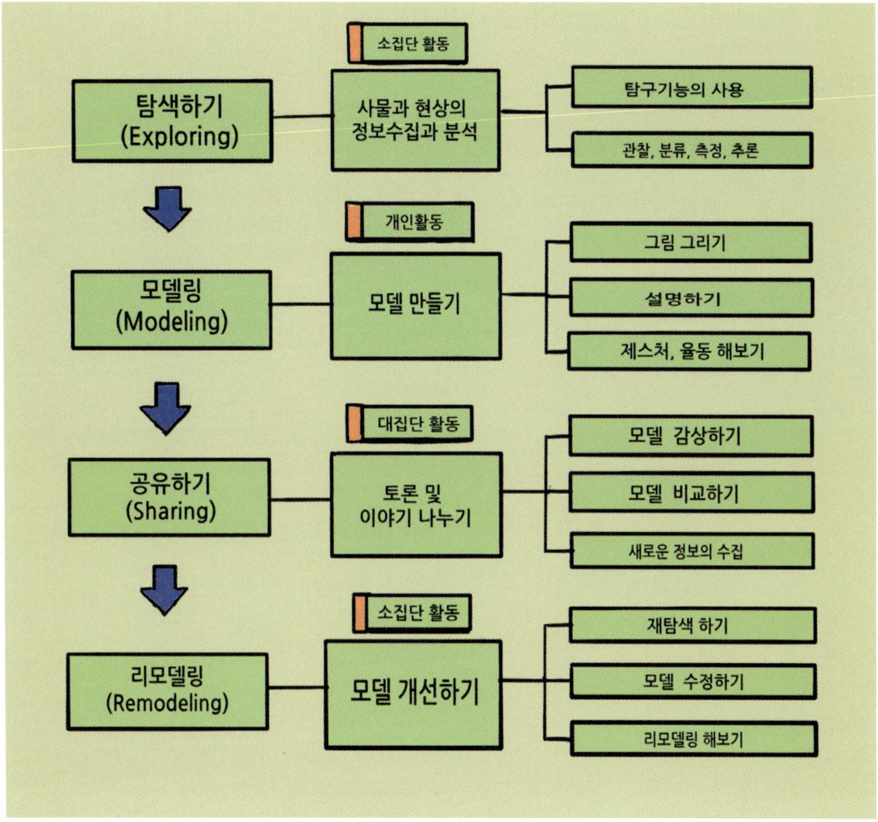

모델링 베이스수업 모형의 전개

다. 모델베이스 수업모형의 교사와 아동의 교수-학습활동 단계별 설명

탐색하기 단계

교사	아동
• 과제제시 하기 • 영상, 사진, 입체모형 혹은 놀이나 게임으로 할 수 있도록 재구성 • 탐색활동 격려하기 • 보조자료 준비하기	• 개인·소집단별 탐색 및 조작 활동하기 • 자유로운 분위기에서 탐색 활동하기 • 학습주제에 대하여 관찰, 측정, 분류, 추론 이야기 나누기

모델링 단계

교사	아동
• 모델링 격려하기	• 그림 그리기 • 모형 만들기 • 제스처 해보기 • 율동 해 보기 • 설명 해 보기

공유하기 단계

교사	아동
• 아동들의 모델 제시 격려하기 • 활발한 토론과 질문 • 이야기 나누기가 발현할 수 있도록 격려하기 • 보조자료나 새로운 정보 제시해 주기	• 다른 아동들 앞에서 모델 발표하기 • 다른 아동의 모델 보고 질문하기 • 자신의 모델과 다른 아동들의 모델 비교하기 • 토론하기 • 교사에게 질문하기

리모델링 단계

교사	아동
• 재탐색 활동의 자료준비, 제시하기 • 아동들의 모델에 대하여 이야기 나누기 • 아동들의 리모델링과 재공유 활동 조직하기 • 아동들의 모델을 기록하거나 (촬영) 회수하기	• 재탐색 활동하기 • 새로운 정보나 재탐색 활동을 통하여 자신의 모델 수정하기 • 그림그리기(재) • 모형만들기(재) • 제스처·율동 해보기(재) • 소집단 혹은 대집단으로 공유 활동 다시 해 보기

이상과 같이 절차화된 모델베이스 수업모형은 공유하기와 리모델링의 단계가 특히 중요하다. 아동들은 친구와 이야기하고 교사에게 질문하며 활발한 의사소통을 하게 되는데, 이것은 인지의 공유라는 결과를 가져오게 되며, 자신의 사고를 수정하고 나아가서 자신이 형성한 오개념을 수정할 수 있게 된다.

〈표 9-8〉 모델베이스 수업의 주제

주제	활동내용
물의 오염	물이 어떻게 오염이 되고 물의 오염이 우리에게 어떤 영향을 미치는지 그려보기
바퀴의 특성	여러 가지 바퀴의 모양(삼각형, 사각형, 톱니모양, 둥근모양)을 하드보드지로 만들어 가운데에 나무젓가락을 끼우고 굴려보기
구름의 모양	작은 솜뭉치로 구름을 만들어 종이에 풀로 붙이고 사진에서 본 구름모양을 만들어보기(맑은 날의 구름, 흐린 날의 구름)
태양계	사진을 보고 태양계의 그림을 그린 뒤 행성에 이름 붙이기, 행성의 특징 알기(달의 크기, 화성의 색깔, 토성의 고리 등)
화석	종이찰흙의 사이에 열쇠나 동전, 조개껍질 등을 끼워서 화석 만들어보기
분무기 놀이	분무기로 물을 세게 뿜어보고, 약하게 뿜어서 분무기의 안에서 어떤 일이 일어나는지 상상해서 그려보기
우리집의 평면도 그리기	드론을 타고 하늘에서 내려다 본 것처럼 건축평면도를 그려보기
거미와 거미줄 만들기	거미와 거미줄의 모형 만들어 보기

④ 모델베이스 학습에 적합한 과학활동의 선정

모델베이스의 학습은 모델을 만드는 유아들의 활동(주로 그리기와 만들어 보기, 이야기해 보기, 제스처해 보기)이 어우러질 수 있는 주제를 정하고 활동을 조직해야 한다.

구체적으로 유아들이 현상을 관찰하거나 정보를 모은 후 그것을 어떤 형태로든 표현하는 활동이 필요하다.

모델링 수업모형 활동의 핵심은 유아들이 만들어내는 추론과 유추에 있으며, 유아들의 활발한 발표와 다른 유아들과의 상호작용 그리고 그러한 활동 뒤에 자신의 모델을 수정하는 과정이 중요하다.

우리집의 평면도 그리기

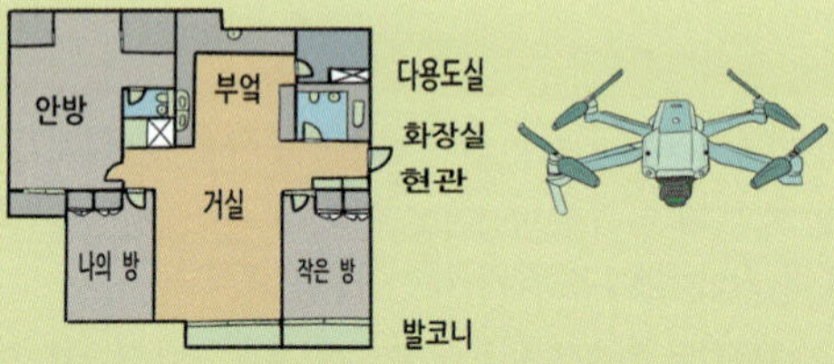

1. 드론을 조종해서 우리집을 내려다 본다고 상상하고 평면도를 그리고 방마다 이름을 붙인다.
2. 우리집의 구조와 친구들 집의 구조를 비교하며 이야기를 나눈다.
3. 나중에 자신이 집을 만든다면 어떤 집을 만들것인지 상상해서 평면도를 다시 그린다.

거미와 거미줄 만들기

1. 거미와 거미줄에 대해서 이야기를 나눈뒤, 종이에 사인펜으로 거미줄을 그리고 거미줄 위에 풀을 칠하고 색실을 붙인다.
2. 거미와 거미줄의 사진이나 동영상을 보고, 자신이 그린 거미줄과 비교해 본다.
3. 종이로 거미와 다른 곤충의 모형을 만들어 거미줄 위에 붙인다.

모델링 활동

가. 사물이나 동 · 식물이든 혹은 현상이든, 유아들이 그림이나 모형으로 나타낼 수 있는 주제를 선택한다

유아들이 관찰하거나 만져보고 유아들 현재의 수준에서 시각적으로 표현할 수 있는 것들을 주제로 선택해야 한다는 것이다.

예) 식물의 형태를 그려보거나, 퍼즐식으로 구성한 뒤 각 부분의 이름 붙여보기

나. 가능한 한 움직이는 사물이나 변화하는 현상을 선택한다

일상이나 자연에서 움직이거나 변화하는 물건과 사물 중에서 유아들이 모델링을 쉽게 할 수 있는 활동을 선택해야 원할한 모델링 활동이 일어난다. 즉 사물과 현상의 원리나 작동 메커니즘을 표현하기가 어렵지 않으면서도, 사물과 현상의 원리가 유아들이 다소의 어려움과 고민을 겪고 나서 발견될 수 있는 것이어야 한다.

다. 교육용 모델(준거가 될 수 있는 모델)이 있는 것을 선택한다

과정중심의 과학수업에서 중요한 것은 학습과정에서의 유아들이 얼마만큼 자발적이고 열정적으로 참여하였나 하는 것이다. 따라서 유아들이 얼마나 모델링을 잘 이행했는지보다는 얼마나 즐겁게 모델링을 했는지가 더욱 중요하다.

그러나 유아들이 자신의 모델을 수정하는 중요한 과정에서 친구나 교사의 피드백을 통한 모델의 수정을 위해서는 교사가 목표로 하는 모델을 미리 가지고 있는 것이 필요하다. 교육용 모델을 가지고 있으면 유아들이 개인의 모델과 다른 유아의 모델을 비교해 보고 교사가 가지고 있는 모델과 또 비교하여 자신의 모델을 정교화시킬 수 있다. 교육용 모델은 교사가 구성할 수도 있다.

레지오 에밀리아의 상징적 순환법

레지오 에밀리아는 최근 유아교육에서 많은 관심을 받고 있는 교육프로그램이다. 1991년에 미국 〈뉴스위크〉지가 선정한 세계에서 가장 훌륭한 10개의 학교 중 하나로 선정되었으며 레지오 에밀리아 접근법의 우수성을 널리 알리게 되었다.

레지오 에밀리아는 이탈리아 북부의 에밀리아 로마냐 지역의 도시로 수도인 로마와는 비교적 거리가 있고 제2차 세계대전 당시 반파시즘(anti-facism)의 선두에 있던 지역이었다.

이탈리아가 전쟁에서 패한 후 중앙정부의 지원 없이 주민들의 자발적인 노력으로 학교를 설립하고 운영하게 되었는데, 레지오스쿨이 지역사회나 가정과 밀접하게 연계될 수밖에 없는 것은 학교를 학부모들이 설립하였기 때문이다.

기본적으로 레지오 에밀리아의 아동관은 유능하고 잠재력이 있는 아동이며 아동이 가진 잠재능력의 발현을 통하여 스스로 가치를 만들어 내는 것이 긍극적인 목적이며 레지오의 독특한 학습방법은 다양한 상징적 순환주기와 표상을 이용한 학습방법으로 널리 알려져 있다.

레지오 에밀리아는 상징적 표상을 사용하는 "다상징적 접근방법(Multisymbolic Approach)"을 사용하는데 하나의 개념을 여러 가지 형태의 상징을 이용하여 나타내게 된다. 구체적으로 사건과 사물을 직접 체험하거나 방문하여 알게 된 것을 그림으로 표현하는 것이다.

이러한 학습의 형태는 학습자 내부의 사고를 가시화하고, 초인지적 능력을 심화시켜 사물이나 사건에 대한 이해를 높일 수 있다.

레지오의 프로젝트 접근법은 유아의 반성적 사고를 촉진하고 심화하기 위하여 고안된 것으로 하나의 개념을 다양한 형태의 상징을 활용하여 나타내도록 하는데, 관찰과 재관찰, 방문과 재방문, 표상과 재표상의 과정을 거치게 된다.

이러한 점은 사고를 시각화한다는 점에서 앞에서 설명한 모델링 수업방법과 대단히 유사하다.

레지오 에밀리아의 교육철학은 유치원 같은 교육기관이 지역사회와 밀접하게 연관되어 하나의 교육적인 커뮤니티가 형성되어 아이들의 성장을 돕는 형태이다. 이것을 뒷받침하는 것으로, 로리스 말라구찌는 어린이들을 위한 학교는 "역동적이고 통합적인 유기체로서 학교는 어른들과 어린이들이 서로 삶과 친밀한 관계를 나누는 곳이 되어야 한다"라고 주장하였다.

따라서 레지오 에밀리아 학교는 그 형태를 모방할 수는 있어도, 그러한 교육을 실현시키는 지역사회커뮤니티의 적극적인 협력이 없다면 그 본질적인 교육철학의 실현과 그에 따른 교육적 목표는 달성하기 힘들 것이다.

레지오 에밀리아 학교의 의미는 학교가 곧 지역사회이고 지역사회가 곧 교육의 장이라는 것이다. 즉, 학교와 지역사회라는 체제들의 의미 있는 연동에서만 효과가 있으며, 학교와 지역사회가 맥락적으로 단절된 지역에서라면 그러한 교육방법의 외형적 모방은 그리 큰 실효를 거두지 못할 것이다.

5 Science Art 접근

유아과학교육은 다른 영역과의 통합으로 효과를 증가시킬 수 있다. 유아들이 환경을 탐색하고, 탐구방법을 익히기 위하여, 미술활동과의 접목을 통하여 다양한 기술(skill)의 개발과 개념의 획득, 과학적인 문제해결력의 증진을 기대할 수 있다.

Science Art는 이미 유치원 교실에서 많이 실시하고 있는 미술활동에 과학적인 개념이나 원리의 경험을 접목한 것이다.

미술활동은 유아들이 가장 좋아하는 영역 중의 하나로 과학과 통합될 수 있는 여지가 많다. 미술영역의 표현과 조작적인 활동은 그 자체만으로도 좋은 수업방법이며, 특히 미술에서 사용되는 수많은 재료와 그 재료들의 특성은 유아들의 호기심과 흥미를 충분히 자극할 수 있으므로 훌륭한 교재가 될 수 있다.

미술활동 속에서 과학적인 개념이나 원리를 자연스럽게 습득할 수 있도록 활동을 구성한다면, 과학수업의 한 방법으로서 효과를 거둘 수 있다.

그림 그리기, 색칠하기는 즐거운 과학탐구활동이 될 수 있다

(1) 미술활동의 인식론적 관점

과거 유치원에서 미술교육의 관점은 정서적·창의적·기능적인 면을 강조하여 미술활동을 통하여 정서의 순화와 육성, 창의적인 사고의 개발과 기능의 습득에 치중하였다. 그러나 미술도 유아들이 사고를 촉진시킬 수 있는 하나의 도구이며 경험과 인식의 폭을 넓히는 표현 방법이라는 인식론적인 관점을 가질 필요가 있다.

표현이라는 관점에서 본다면 유아들은 미술활동을 통하여 자신의 느낌이나 감정을 외부로 나타내는 것이지만, 자기가 알고 있는 지식을 나타내기도 한다.

길버트와 볼터(Gilbert와 Boulter, 1998)는 현상의 구조적·행동적 기제를 사용하여 아동들은 그들이 머릿속에서 형성한 표상의 설명을 언어적으로 제스처로 또 그림으로 표현한다고 하였는데, 이것이 유아의 내부에서 만들어진 표상을 외부로 표현한 모델이다.

미술활동은 유아들이 자기의 사고를 외부로 표출하고, 자기가 만들어 낸 결과들을 즐길 수 있는 좋은 수단이다.

미술활동의 대표적인 형태는 그림 그리기이며, 그림은 유아들의 표상을 나타낸 시각적인 모델이라고 할 수 있다.

"유아들은 아는 것을 그린다"라고 한다. 그러나 "유아들은 보는대로 그린다"라는 말도 틀린 말은 아니다. 루돌프 아른하임(Rudolf Arnheim, 1969)은 시각적 사고(visual thinking)라는 용어를 사용하였는데, 시각적 사고란 그림이나 사진 같은 이미지로 매개되는 사고이다. 이것은 인간의 시각은 인지적인 작용과 같이 발생하는 것으로서 무엇인가를 본다는 것은 사고작용과 긴밀하게 연관되어 있다는 것이다.

유아들에게 버스를 그려보라고 하면 버스를 투시하여 승객들이 앉아 있는 의자와 승객들의 다리를 그린다든지, 가족들의 잠자는 모습을 그릴 때 이불을 투과하여 신체를 그려내는 것을 흔히 목격할 수 있다. 유아들은 눈앞의 보이는 버스 안에 승객이 앉아 있는 것을 알고 있으며, 이불에 덮여 보이지는 않지만, 가족들의 몸이 이불 밑에 있다는 것을 알고 있기 때문이다. 따라서 유아들의 그림은 유아들의 생각을 나타내주는 유용한 도구이다.

만들기의 경우는 유아들의 표현욕구와 모방의 욕구를 좀 더 현실에 가까운 방법으로 충족시킬 수 있으며 작동까지 해 볼 수 있는 매우 즐거운 활동이다. 종이비행기를 만들어 날리거나, 단풍나무 씨앗 모델을 만들어 던져 보거나 하는 것은, 자연현상이나 과학적 원리를 이용한 모델을 사용하는 것이다.

그렇지만 유아들은 모델이라는 용어를 정확히 이해하기는 어렵다. Science Art 접근 수업은 유아들에게는 장난감을 만드는 즐거운 놀이시간이라고 할 수 있다. 유아들이 과학적 원리를 이용한 장난감을 만들고, 예쁘게 꾸미고 장식하는 것은 과학과 미술을 접목하는 활동이 될 수 있다.

다양한 미술활동은 교사들에게 유용한 과학수업의 도구로 활용이 가능하며, 유아들이 적극적으로 참여하는 미술활동을 통하여 사물과 현상을 자연스럽게 접하고 이해할 수 있도록 해 준다.

(2) Science Art 수업

Science Art 활동은 미술시간과 크게 다를 바 없다. 제재가 대체로 과학과 연관이 사물들이라는 것 외에는 비슷하다. 그러나 가장 큰 차이점은 제재를 그리거나 만들기를 할 때, 제재에 관한 충분한 내·외적 정보를 수집한다는 것이다. 그러한 정보에는 과학적 원리나 혹은 이론들이 내포되어 있다. 무턱대고, "이런 걸 그려보자, 저런 것을 만들어보자"는 식의 수업이 진행되어서는 안 된다.

그리고 유아들이 활동이 끝나면 자기작품이나 다른 친구들과의 이야기 나누기, 작품을 이용한 놀이시간이 확보되어야 한다.

〈표 9-9〉 Science Art 수업

단계	활동내용	핵심활동	주의점
주제 확인	1. 제재에 대한 소개와 이야기 나누기. 2. 미리 만들어 놓은 모형이나 만드는 과정을 동영상으로 보여준다. 3. 만들기의 경우 핵심적인 부분은 따로 자세하게 보여주거나 교사가 시범을 보인다.	• 제재에 대한 충분한 소개 • 충분한 정보의 제공과 공유	• 만들기의 경우 반드시 교사가 미리 만들어 보고 유아들이 어떤 과정에서 어려움을 겪을 수 있을지 미리 확인한다.
표현	1. 소집단이나 개인활동을 시작하고 교사는 유아들의 질문에 대답을 하거나 유아들끼리 나누는 대화에 참여하기도 한다. 2. 만들기를 어려워하는 유아는 도와준다. 3. 유아들이 하고 싶은 표현을 할 수 있도록 격려하거나 도와준다.	• 그리기라면 마음껏 예쁘게 표현하거나 색을 다양하게 쓸 수 있도록 격려 • 만들기의 경우 유아들이 실패하거나 시간에 제한받지 않도록 만들기 과정을 세밀하게 설계해야 한다.	• 유아들이 만들기에 실패하여 다른 유아들과 격차가 생기지 않도록 한다.
공유 및 감상	1. 그리기라면 자기의 작품에 대하여 설명하거나 다른 친구들의 작품에 대한 느낌을 이야기한다. 2. 만들기의 경우 작품을 가지고 놀이를 해 보거나 친구들과 비교하면서 놀이를 할 시간을 충분히 가진다.	• 작품에 대한 자신들의 느낌을 충분히 자유롭게 이야기하도록 한다. • 만들기의 경우 활동이 끝나면 즐거운 놀이시간이 이어질 수 있도록 한다.	• 제재를 이용한 놀이 활동을 미리 생각해 놓아야 한다.

꼬마 과학자의 수집가방

준비물 : 가로 40센티, 세로80센티의 두꺼운 투명비닐, 매듭공예용의 두꺼운 실이나 천을 꼬아만든 줄, 아일렛 펀치, 유성사인펜

비닐종이를 반으로 접어 펀치로 구멍을 낸뒤, 구멍으로 줄을 통과시켜 가방을 만들어 보자. 완성된 후 예쁜 무늬나 그림을 가방에 그려서 완성! 봄, 여름에 나뭇잎, 꽃잎, 작은 돌 수집용으로 사용하고 관찰을 위한 수집에 적격이다. 튼튼하게 만들면, 여름 비치백으로도 활용가능.

나의 산 만들기

준비물 : 우드락, 스티로폼 절단기, 물감, 종이와 솜, 이쑤시개로 만든 모형나무

자신이 만들고 싶은 산을 그림으로 그려보고 우드락을 다섯 덩어리로 절단한다. 큰 우드락 층을 가장 아래에 놓고 크기순서에 따라 차례로 풀로 붙여서 산 모양을 잡아간다. 완성후 색칠을 하고 모형나무나 동물들을 올려놓으면 나만의 멋진 산이 완성된다.

Science Art 활동

(3) 수업의 유의점

① 미술활동을 통해 과학적 원리를 유아들이 이해해야 한다고 생각하지 말아야 한다

Science Art 접근은, 미술활동 속에서 유아들이 과학적 원리나 개념을 반드시 이해해야 한다고 생각해서는 안 된다. "바람개비 만들기" 활동을 통해서 바람개비의 과학적 원리를 이해할 수 있을까? 그럴만한 시간적 여유가 없을 것이다. "바람개비 만들기"는 과학적 원리를 적용하는 활동이다. 유아들이 바람개비가 돌아가는 과학적 원리를 정확하게 이해하려면 탐구학습이나 모델링수업을 이용하여, 바람의 힘을 이해하거나 바람개비가 움직이는 원리를 먼저 이해하는 것이 좋다.

앞서 이야기한 것처럼, 원리의 파악과 원리의 적용은 동시에 일어나기는 어렵다. 교사들은 과학적 원리보다는 유아들이 스스로 만드는 조작과정과 과학적 원리에 의해 일어나는 현상을 충분히 즐기도록 하는 것이 좋다. 무엇인가를 반드시 가르치거나 배워야 할 필요가 없다는 것이다. 미술은 자신의 즐거움을 스스로 창조하는 행위이므로 과학수업일지라도 그 본질을 훼손할 필요는 없다.

② 유아들의 미술활동 결과가 다양할 수 있도록 격려해야 한다

탐구수업이나 모델링 학습의 경우, 사물이나 현상의 변화 속에서 과학적 원리를 이해해야 하는 활동이므로 정답이 필요한 경우가 있다. 그러나 Science Art는 유아들이 자유롭게 자기만의 생각들을 표현하고 나누고, 그러한 과정들을 즐기는 활동이다. 자기만의 자동차를 그려 보기도 하고, 풍차모형을 만들어 놀이를 해 보는 등 과학적 지식을 적용하고 활용해 보는 것이므로 유아들의 활동결과가 모두 비슷해지거나, 교사의 생각대로 산출되지 않도록 하는 것이 중요하다.

③ 수업의 결과물을 감상하고 활용하는 놀이시간을 가져야 한다

Science Art는 정답도 없고 오개념이라는 것도 없다. 유아들이 스스로 자신의 즐거움을 만들고, 다른 유아들과 자신의 생각을 공유할 수 있는 시간이 되어야 한다. 그리기나 만들기의 결과물을 서로 비교해 보고 감상평을 해 보거나, 자신이 만든 장난감을 이용해서 해서 친구들과 즐거운 놀이를 할 수 있는 시간을 가질 수 있도록 적절한 시간계획을 세워야 한다.

6 박물관 과학수업모형

박물관을 비롯한 여러 교육적 목적의 물건을 수집해 놓은 기관을 방문하는 것은 유아들에게는 무척 즐거운 일이다. 교사들의 이야기나 책을 통하여 알고 있던 물건들이나 역사적 사실들을 직접 눈으로 보고, 때로는 체험이 가능하기 때문이다.

박물관의 경우, 역사박물관뿐 아니라 일상생활에서 사용하는 물건들을 주제별로 선정하여 전시해놓은 테마 박물관이 점점 늘어나고 있으며, 박물관들이 자체적인 체험프로그램들을 준비하는 경우도 있어서, 그 교육적인 기능이 점점 확대되고 있다.

박물관 견학은 유치원에서 체험학습의 하나로서 실시되고 있는데, 박물관에는 일상에서 흔히 볼 수 없는 전시품들이 수집되어 있고, 주제에 따라서는 실물이 전시되어 있기 때문에 유아들의 흥미와 호기심을 강하게 끌 수 있다.

그러나 여전히 박물관은 교사들에게는 단순한 체험학습이나 놀이활동 공간 등으로 인식되고 있으며, 학부모들에게도 박물관은 아이들을 한번쯤 같이 가서 교육적인 체험을 하는 곳으로 생각되고 있는 것 같다. 즉, 실제적이고 의미 있는 교육효과의 확산보다는 일회성 경험으로 끝나는 경우가 많다는 것이다.

존 듀이(John Dewey)는 유아들에게 경험이란 모든 것이 교육적이지는 않으므로 경험의 질을 고려해야 하며, 실제적이며 유의미한 경험 그리고 교육적으로 조직된 경험이 필요하다고 하였다. 즉, 박물관의 전시물이나 프로그램이 교육적으로 유용한 경험이지만 단순한 관찰에 국한되거나, 일회성적 체험으로는 교육 효과의 확산을 기대할 수 없을 것이다. 그러한 경험들을 좀 더 체계적으로 조직하여 교육적 효과를 확장할 수 있는 방법이 필요하다.

박물관에 전시된 물건들은 역사적으로도 가치가 있지만, 또 다른 관점에서 살펴보면 시대별로 배치된 물건들은 각각의 시대를 상징하는 멘탈모델(mental model)의 원형이라고 할 수 있다.

그러한 모델들의 변화를 한곳에서 살펴볼 수 있는 장소로서 박물관은 매우 유용한 교실이 될 수 있다.

박물관은 훌륭한 학습장소이다

유아과학교육이라는 관점에서 본다면 박물관은 과학적 탐구를 위한 교실이 되어야 한다. 따라서 단순한 경험과 체험을 넘어선 체계적인 학습이 이루어져야 할 필요가 있다.

(1) 박물관 학습의 의의

① 박물관은 전시품이나 박물관의 수집품을 통하여 인지적 · 사회적으로 선별된 경험을 제공해 줄 수 있는 학습자원이다

박물관의 전시품은 교과서의 내용과 비교할 수 있다. 대부분의 박물관의 전시품이나 수집품은 하나의 텍스트로서 관람자들에게 양질의 교육적인 경험을 제공한다. 따라서 박물관의 전시품은 그 자체가 매우 교육적인 가치를 가지고 있으며, 특정 사물이나 자연현상, 사회현상에 대한 당대의 대표성을 가진 원형이다. 그러한 원형을 관찰하고 접촉함으로써 학습을 발생시킬 수 있는 원동력을 제공할 수 있다

② 박물관은 비형식적 교육의 장으로서 역할을 할 수 있다

최근 유치원의 교육과정이 점점 더 복잡해지고 유아들이 유치원에서 보내는 시간이 늘어나고 있는 추세이다. 더불어 교육의 질적 향상을 위하여 수업형태와 환경의 구성 등에서 과거보다 체계적인 부분을 강조하고 있다.

반면 박물관은 유아들이 교실에서보다 자유롭고, 탐색에 제한이 없는 공간이다. 평소에 볼 수 없었던 사물이나 현상을 직접 보거나 조작할 수 있다는 것은 분명히 유치원 교실이라는 공간에 비해 유아들의 탐색활동에 제약이 없으며 학습동기의 향상을 가져올 수 있다. 따라서 구체적이

고 보다 맥락적인 학습활동이 가능하다.

③ 박물관은 문화를 해석, 보호, 전승하는 중요한 공간이다

인간문화에 대한 이해는 보편성과 특수성의 조화가 매우 중요하다. 자신이 속한 사회의 문화와 다른 문화에 대한 이해는 균형 있게 이루어질 수 있다.

유아과학교육의 목표가 과학적 소양의 함양이라면, 다른 문화에 대한 개방적이고 허용적인 태도가 필요하며 아울러 자신이 속한 사회의 문화와의 차이점을 깨닫을 수 있어야 한다.

단순히 과학을 위한 박물관 외에도, 역사박물관을 방문하여 문화적인 요소들을 발견하는 것도 매우 중요하다. 박물관은 이러한 의미에서 문화를 이해하고 보호하고 전승하는 마음을 기를 수 있는 교육적인 공간의 역할을 한다.

(2) 유아과학교육과 박물관 학습

박물관에 주제별로 전시된 것은 인류의 정신적인 원형모델이다. 어떤 특정한 물건의 실물이나 모형이 시대별로 박물관에 전시되어 있다면, 그것은 그러한 사물에 대한 그 시대의 정신적인 모델의 변화를 보여주는 것이다. 그 모델이 변화해가는 것을 한눈에 살필 수 있다면 변화에 대한 추이와 요인들을 구체적으로 파악할 수 있으며 미래의 모습도 예측할 수 있다.

아직 우리나라는 박물관의 종류와 테마가 다양하지 못하지만, 지방자치제 실시 이후, 역사박물관이나 자연사 박물관 등 전통적인 주제의 박물관뿐 아니라 로봇박물관, 공룡박물관, 장난감 박물관, 인형박물관, 항공 우주 박물관, 철도박물관, 자동차 박물관 등 다양한 테마의 박물관이 점차 늘어나고 있다.

이러한 상황에서 박물관을 이용한 학습이 1회적인 이벤트성보다는 하나의 학습모형으로서 정착된다면 효과적인 유아과학교육의 한 방법으로 충분히 활용될 수 있다.

① 주제 선정

박물관 학습은 대체로 답사의 형태로 이루어지는 것이 대부분이다. 일반적으로 박물관에 대한 사전지식과 방문계획을 세우고 답사를 실시한 뒤 답사 후의 활동으로 이루어진다.

박물관을 활용한 학습에서 결정해야 할 것은 박물관을 학습에서 언제 어떻게 활용할 것인가 하는 것이다. 이것은 학습의 주제선정과도 연관이 있는데, 즉 어떤 주제가 박물관의 방문과 가장 적합할 것인가를 결정해야 한다. 물론 지역사회에 어떤 박물관이 있는지부터 알아야 할 것이며, 해당 주제의 어느 시점에서 방문할 것인가를 먼저 교사가 결정해야 한다.

② 박물관의 학습모형

박물관의 교육적 가치가 점점 더 주목받음에 따라, 구체적인 학습방법으로서의 활용연구도 활발히 연구되고 있다. 아래의 표 9-10은 박물관 학습모형을 분류한 것이다.

〈표 9-10〉 박물관 학습모형분류(권이영 · 정은영, 2016)

모형	과정	특징
답사형 박물관 연계모형	박물관 선정 → 박물관 답사 → 박물관 답사 후 활동	• 교육이 이벤트성으로 이루어짐
단발형 박물관 연계모형	박물관 선정 → 박물관 관람 전 사전학습 → 박물관 관람 → 박물관 관람 후 사후학습	• 사전 · 사후 학습이 이루어짐
지속형 박물관 연계모형	주제의 접근 → 통합교육활동전개 → 박물관 관람 → 통합교육연계 활동 → 확장적 학습활동	• 교과주제와 연결되어지속적으로 박물관에 방문
심미적 교육모형	박물관 방문 전 학습(창작 전 활동, 박물관예절학습) → 박물관 방문중(감상) → 박물관 방문후(맥락 관련 정보 연구, 창작/실행활동) * 전 과정에서 '질문, 발문, 다시 생각해 보기' 과정을 거침	• 예술교육과 관련된 모형임 • 사전 · 사후 학습이 이루어지며 각 단계 활동에 대하여 구체적으로 제시
박물관 교육을 위한 PBL 교수-학습모형	문제제시 → 문제해결책 모색 → 전시물(학습자원) 활용 해결책 고안하기 → 해결책 실행 → 결과물 제시 및 평가	• 문제 중심학습을 박물관 교육에 적용
비형식 학습기관전략	방문 사전 활동 → 과학관 방문 → 방문 사후 활동	• 사전 · 사후 학습이 있으며, 단계별 활동에 대해 구체적으로 부연

표 9-10에서 제시된 학습모형들을 비교해 보면 모형의 형태를 크게 답사형, 단발형, 지속형으로 분류한 것을 알 수 있으며, 예술교육을 위한 모형, 문제해결학습(PBL)의 적용도 연구되고 있다.

답사형의 경우는 1회성의 답사형식이며, 단발형의 경우는 사전 및 사후학습이 실시되는 것이다. 지속형은 교육과정과 연계되어 박물관을 지속적으로 방문하는 형태이다.

어떠한 체험학습과 견학이든지 사전 및 사후 학습은 학습효과의 확산이라는 측면에서 매우 중요하며, 단순한 둘러보기 이상의 효과를 거두려면 사전학습과 사후학습에 강조점을 두어야 한다.

방문 당일은 박물관의 관람 인원이나 사정에 따라 구체적인 학습활동이 이루어지기 어려운 경우가 많고, 유아들의 안전 관리라는 측면 때문에 교사들은 학급에서 해오던 활동들을 하기가 매우 어렵다.

초중등의 경우 미리 준비한 워크시트 등을 이용할 수 있지만, 유아들의 경우는 불가능한 경우가 많다.

(3) 박물관 활용학습

① 박물관 수업의 설계

수업은 일반적으로 도입, 전개, 결말의 3단계로 나누어진다. 박물관 학습은 그 세 가지 중 하나의 단계로 적용한다면 사전학습과 사후학습의 연계가 이루어지고 수업진행의 용이성과 효과를 높여줄 것이다.

박물관 방문 수업을 어느 단계에 적용할 것인가에 따라 3가지의 유형으로 나눌 수 있다.

〈표 9-11〉 박물관 방문의 수업단계적용에 따른 유형

주제: 로봇에 대하여 알아보기

	도입단계	전개단계	결말단계
1유형	박물관 방문		
	1. 유아의 관심과 흥미증진 2. 실물체험 3. 조작활동 4. 질문하기	1. 친구들과 이야기하기 2. 또 다른 정보 수집과 교환하기	1. 로봇모델 만들어 보기 2. 모델 평가하기 3. 원리확인 및 적용하기
	• 로봇을 체험하고 및 조작해 보기 • 교사나 안내자에게 로봇에 관한 궁금한 것 질문해 보기, 이야기 듣기	• 자기가 알게 된 로봇에 대한 이야기하기(예: 기능, 종류, 모양) • 다른 유아의 발표듣기 • 박물관에 없던 로봇에 대해 이야기 나누기(교사의 추가자료 제공 – 동영상, 사진)	• 자기만의 로봇 그려보기 • 로봇이 하는 일 그려보기 • 막대(이쑤시개)와 스티로폼 조각을 이용하여 로봇 만들어 보기

	도입단계	전개단계	결말단계
2유형		박물관 방문	
	1. 과제제시 및 확인 2. 학습동기유발 3. 학습계획 이야기해 보기	1. 실물체험 2. 조작활동 3. 질문하기	1. 로봇모델 만들어 보기 2. 모델 평가하기 3. 원리확인 및 적용하기
	• 로봇에 대한 이야기 나누기 • 사진과 동영상으로 로봇 알아보기 • 로봇의 종류와 기능 등에 대하여 이야기 나누기	• 로봇을 체험하고 및 조작해 보기 • 교사나 안내자에게 로봇에 관한 궁금한 것 질문해 보기, 이야기 듣기	• 자기만의 로봇 그려보기 • 로봇이 하는 일 그려보기 • 막대(이쑤시개)와 스티로폼 조각을 이용하여 로봇 만들어 보기
3유형			박물관 방문
	1. 과제제시 및 확인 2. 학습동기유발 3. 학습계획 이야기해 보기	1. 로봇모델 만들어 보기 2. 모델 평가하기 3. 원리확인 및 적용하기	1. 실물체험 2. 조작활동 3. 질문하기
	• 로봇에 대한 이야기 나누기 • 사진과 동영상으로 로봇 알아보기 • 로봇의 종류와 기능 등에 대하여 이야기 나누기	• 자기만의 로봇 그려보기 • 로봇이 하는 일 그려보기 • 막대(이쑤시개)와 스티로폼 조각을 이용하여 로봇 만들어 보기	• 로봇을 체험하고 및 조작해 보기 • 교사나 안내자에게 로봇에 관한 궁금한 것 질문해보기, 이야기 듣기

표 9-11에서처럼 박물관의 방문시점에 따라 전체 수업의 진행과 내용이 조금씩 달라진다. 어떤 유형이 적절한지는 교사가 학급의 사정과 주제에 따라 결정하는 것이 바람직하다.

② 박물관 수업의 주의사항

가. 박물관에서 모든 수업활동을 계획하지 않아야 한다

수업계획을 보다 여유롭게 수립하고 박물관에 있는 시간이 구경하기 수준에 그치지 않도록 전체 수업흐름의 한 과정으로 자연스럽게 포함되도록 수업을 구성하는 것이 바람직하다.

나. 교사는 주제와 관련된 박물관의 전시물을 사전에 파악해야 한다

견학을 계획할 때 사전답사는 아주 중요하다. 특히 박물관을 수업에 활용할 계획이라면, 전시물의 수업주제와의 연관성과 활용도 등을 고려하여 어떤 부분을 집중적으로 관람하고 체험할 것인가를 미리 선정해야 한다.

다. 박물관 학습의 결과관리를 체계화해야 한다

사후학습과도 연관이 있고 박물관(체험학습, 견학포함)이라는 곳이 교실의 확장이라는 관점을 가지기 위해서는 학습결과를 체계화해야 한다. 수업이 끝나고 관련 자료들을 포트폴리오로 만들고, 교사들의 수업진행 경험이나 형태, 박물관 수업의 장·단점들을 공유할 수 있도록 문서화하는 것이 바람직하다.

박물관에서 유아들을 모아놓고 교실에서처럼 수업을 진행할 수 있다면 가장 이상적일 것이다. 물론 박물관이 개설해 놓은 체험 프로그램에 참가하여 수업이 진행될 수도 있지만, 교사들이 체계적인 수업계획을 수립하고 실천한다면, 박물관 학습이 단순 답사의 형태나 일회적인 이벤트성으로 끝나지 않고, 실물체험 수업으로서의 그 교육적 가치를 확산시킬 수 있다.

지금까지 유치원의 과학수업을 위한 수업모형들을 제시하였는데, 이 역시 모두 하나의 제안일 뿐이며 교사들이 아이들의 수준과 학급의 상황에, 시간에 맞추어 적절히 변형시켜 사용하기를 권한다.

교사들의 전문성은 티칭의 독자성과 타당성에 있다. 창의적인 사고를 바탕으로 창의성을 발휘하여 보다 현장의 상황에 적절하게 변형시켜서 사용하는 것이 바람직하다.

그러나 구성주의와 과학교육의 목적을 이해하고 있는 교사들 혹은 막 구성주의적 교육에 대하여 강의를 들은 예비교사들뿐 아니라 베테랑 교사들도 특정한 의문에 빠진다.

그러한 이슈들을 10장에서 짧게 이야기해 보자.

글쓰기 연습을 겸한 요약 및 복습 9

기술과 서술의 차이점	
서술	기술보다 넓은 의미로 어떤 사실에 대한 특징을 순서대로(시간적, 인과적) 적어나가는 것. 글쓴이의 주관적 관점이 논리에 따라 드러나야 한다.
기술	어떤 대상에 내용이나 특징들을 열거하여 쓰는 것을 말한다. 글쓴이의 주관적 관점은 배제된다.

1. 기술 및 서술과제

과제 1	과학적 원리이해 학습과 적용학습을 비교 · 기술해 봅시다.
과제 2	유아들이 자신과 친구의 그림이나 만들기에 대하여 감상하거나 이야기를 나누는 시간이 왜 필요한지 서술해 봅시다.

2. 키워드를 따라가는 학습

다음 키워드의 뜻이나 정의를 써 보거나 설명해 봅시다.

탐구와 탐구학습	
모델과 모델링	
유아는 아는 대로 그린다	

CHAPTER 10

유아과학수업에서의 생각해 볼 문제들

유치원에서의 과학수업은 일상에서 발견할 수 있는 과학적 개념과 원리를 수업제재로 활용한다는 점에서 유아나 교사들에게 매우 친숙한 것이어야 하는데도 불구하고, 교사들은 과학수업은 어렵다고 한다. 그 이유는 여러 가지가 있을 수 있지만, 그중의 하나는 과학수업은 답을 발견하거나 결론이 확실히 내려져야 한다는 생각도 있는 것 같다.

또 과학적 원리는 이미 밝혀져 있으므로 유아들이 그것을 이해하고 있는지에 대한 불안도 그 원인이 될 수 있다. 그러나 유아과학에서 중요한 것은 사물이나 현상에 과학적 개념의 형성과 그 과정에서 유아들이 탐구방법을 체득하고 사고를 발달시키는 것이라는 점을 기억한다면 다른 영역의 수업보다 어렵지 않다는 것을 발견할 것이다.

1 과학수업에서 복잡한 개념이나 원리 혹은 용어를 유아들에게 알려줘도 될까?

교사들이 과학수업에서 특정 개념을 "유아들에게 말로 설명을 해 주어야 할까 아니면 활동을 통해 스스로 깨우치는 것이 좋을까"하고 고민하는 경우가 있다.

사실 이 부분은 그렇게 고민할 부분은 아니다. 유아들이 이해할 수 있는 용어를 써서 유아들이 이해하면 아무런 문제가 없을 것이다.

교사가 설명하거나 유아들에게 용어나 원리를 설명하는 것은 구성주의적 교육의 원칙에 어긋나는 것이 아니다. 유아들에게 적합하지 않은 수준의 원리를 설명하고, 그것이 유아들에게 아무런 의미가 없을 경우에 문제가 되는 것이다.

유아들을 위한 과학프로그램에서 활동들은 매우 쉽고, 간단하지만 그러한 활동의 배경에는 아주 어려운 과학적 원리나 개념이 존재한다.

예를 들어, "종이비행기 만들기"나 "민들레 씨앗모델 만들어 보기" 같은 활동은 매우 즐겁고, 야외에서 활동도 포함될 수 있으므로 유아들에게 매우 즐겁다.

그러나 그 활동은 비행이라는 복잡한 과학적 원리가 있다. 비록 종이비행기이지만 실제 비행기의 비행원리와 크게 다르지 않다. 그러나 비행에 관련된 과학적 원리들은 추력, 항력, 양력 등 성인들에게도 어려운 것들이 있다. 이러한 것들을 유치원에서 즐거운 체험활동으로서만 마무리해도 큰 무리는 없을 것이다. 그렇지만 과학적 원리와 연관된 용어를 알려주어야 할 경우도 있을 수 있다.

과학수업에서 개념과 원리는 관련 활동을 통하여 유아들이 체험하는 것이 가장 이상적이다. 그리고 그러한 활동과 유아들의 경험이 반복되면 체득이 되고, 초등학교와 중등학교에서 보다 구체적인 언어나 활동으로 이해하게 된다. 유아들이 이해하기 어려운 용어는 잊어버리지만 과학교육과정의 내용은 다른 학제에서 다시 반복되므로 유아들이 경험을 기억하고 있다면 유치원 교사가 알려주었던 용어를 기억하거나 확실히 이해할 수 있다.

유치원의 학급에서 교사가 유아가 이해할 수 없는 용어를 사용한다면 그것은 잘못된 것처럼 보일 수 있다. 다시 한번 "비행기는 어떻게 공중에 뜰까"라는 주제를 생각해 보자. 비행기가 어떻게 하늘을 날 수 있을까? 라는 원리적인 문제로 돌아오면 양력과 추력이라는 단어를 떠올릴 수밖에 없다.

양력이란 물체의 주위에 유체가 흐를 때 물체의 표면에서 유체의 흐름에 대하여 수직방향으로 발생하는 역학적 힘을 말하며, 비행기의 날개의 모양에 따른 압력의 차이(날개 아래쪽의 압력이 위쪽보다 커진다: 베르누이의 법칙의 적용)로 발생하여 중력과는 반대방향으로 작용하여 매우 무거운 물건도

들어올릴 수 있다. 그러나 양력만으로 비행기는 뜰 수 없다. 추력이라는 물체를 운동방향으로 미는 힘이 있어야 양력도 발생하는 것이다.

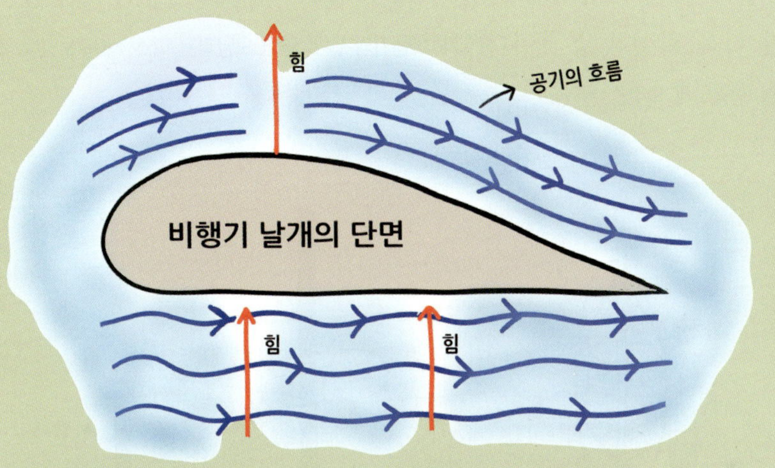

날개의 아래쪽은 평평하기 때문에 공기의 흐름이 느리고 위쪽은 볼록한 모양의 곡선이기 때문에 공기의 흐름이 빨라지게 되어 위쪽과 아래쪽의 압력 차이가 난다. 공기의 흐름이 빠른쪽은 압력이 낮아지고, 느린쪽은 압력이 높아지기 때문에 양력이 생겨난다.

양력의 원리

그렇다면 유아들에게 양력과 추력이라는 용어를 알려주어야 할까? 비행기는 어떻게 하늘을 떠서 날아갈 수 있을까? 라는 문제는 무척 단순한 질문이 아니지만 유아들은 흔쾌히 답한다("날개가 있어요"라는 대답이 많으며, 어떤 유아는 "엔진 때문에 날아가요"라는 대답을 한다).

실제로 과학이론으로 양력과 추력을 설명한다면 베르누이의 법칙이나 추력, 항력에 관한 복잡한 이론들을 우선 설명해야 하므로 유아들에게는 거의 불가능하므로 양력과 추력에 관한 실험을 유아들이 이해할 수 있는 체험으로 재구성하는 것이 가장 좋다.

유아들이 두 팔을 크게 벌리고 얇은 플라스틱판을 양손에 쥐고 제자

리에서 몇 바퀴 돌아보도록 하자. 유아들은 분명히 팔이 올라가거나 내려오는 느낌을 받을 것이다. 만약 실외라면 그 상태에서 달리기를 해 보면 더욱 확실한 느낌이 올 것이다.

혹은 다음의 그림처럼 선풍기나 헤어드라이기를 이용한 실험을 해 본다면 더욱 확실해질 것이다(실제 비행기의 날개 단면 모양과는 다소 차이가 있다. 종이 아래쪽을 평평하게 펴주면 된다).

양력에 관한 실험

그렇다면 "여러분 팔을 저절로 하늘로 올리는 힘이 양력이고 몸을 돌리면서 발생하는 추력이 양력을 만드는 거야"라고 말해 주어야 할 것인가, 아니면 그러한 원리로 비행기가 뜬다 라고 말해야 할까?

유아들이 이해하지 못하는 용어는 보다 쉬운 용어로 바꾸어서 다시 한번 말해 주는 것도 한 방법이 될 수 있다. 즉, "물건을 공중으로 들어 올리는 힘", "물건을 앞으로 혹은 운동방향으로 세게 밀어주는 힘"

이라는 용어로 양과 추력이라는 단어를 대체하는 것도 하나의 방법일 것이다.

교사가 창의적으로 이름을 붙이거나 설명을 하려면 대상에 대하여 풍부한 지식을 가지고 있어야 한다. 이러한 부분들에 대해서 교사들의 고민과 더불어, 복잡한 원리나 개념에 대한 활동을 유아들의 수준에 맞게 재구성하고 유아들이 이해하는 단어를 선정하기 위한 노력이 필요하다.

2 정답을 가르쳐야 할까?

유아과학은 과정적인 학습을 강조하지만, 유아들은 과학적 현상에 대하여 오답이나 오개념(misconception)을 형성할 수 있다. "밤은 왜 어두울까?", "비는 왜, 어떻게 내릴까?", "소금은 왜 물에 녹을까?" 등 이러한 활동들은 분명한 과학적 원리가 존재하며, 그에 대한 이해가 필요하지만, 교사들은 유아들의 오개념 형성에 대하여 지나치게 불안해할 필요가 없다. 정답보다는 유아들이 오개념을 형성하는 것도 중요하며, 더욱 중요한 것은 유아들이 자신의 오개념에 대하여 관심을 가지고, 스스로의 탐구능력을 활용하고 교사와 다른 유아들의 상호작용을 통하여 오개념을 수정하는 과정이 더욱 중요하다.

유아들이 사물이나 자연현상에 대하여 오개념을 형성하는 것은 발달과정에서 필요한 부분이며, 그것을 수정하는 것도 당연한 과정이다.

유치원의 과학수업에서 굳이 답을 제시하자면 "정답을 가르쳐야 할까?"라는 고민보다는 "어떻게 유아들이 자신의 힘으로 오개념을 수정할 수 있도록 가이드를 할까?"라는 생각이 더욱더 필요하다. 따라서 정답이라는 형태를 유아들이 만들어내게 하는 것보다는 사고의 변화 과정이 유아들에게서 나타나고, 유아들이 스스로 탐구하는 태도를 보이게 된다면 과학적 원리를 기억하거나 더 좋은 효과가 있다. 즉, 교사는 유아들이 자신의 사고를 변화시킬 수 있도록 자극할 수 있는 방법을 고민하여야 한다.

3 나의 수업을 아이들은 이해하고 있는지 알 수 있을까?

대부분의 교사들은 자신의 수업이 성공적으로 진행되었는지를 궁금해 한다. 만약 유치원의 유아들에게 필기시험을 치르게 한다면 교사들은 수업결과를 즉각 확인할 수 있을 것이다. 그러나 교육의 성과를 단기간에 확인한다는 것은 의미가 없는 일이며 유아교육에서는 더욱 그러하다. 특히 지필시험의 형식은 유아교육의 특성을 생각해 본다면 있어서는 안 될 것이다. 교육의 성과를 단기간에 확인하는 것은 요구될 수 없고, 요구하여서도 안 된다.

교사로서 "혹시 나의 수업이 정말 목표를 달성하였는지, 아니면 시간만 낭비한 것이 아닐까?"하는 불안을 교사들은 가지고 있을 수 있으므로 자기의 수업에 대한 확신이 필요하다. 특히 초보 교사일수록 자신의 수업에 자신감이 부족하고 수업결과를 확인하고 싶어 한다. 방금 수업을 마쳤는데 그 즉시 학습목표에 도달했는지 여부를 확인하는 것은 성급한 일이다.

자신감을 가지고 수업을 진행하자

교사의 교수-학습 경험의 축적은 학교수업의 질적인 향상을 가져오지만 적어도 3년 이상의 지속적인 수업의 경험이 축적되어야 수업진행에 능숙해질 수 있다.

일반적으로 사용하는 학습지도안에서 결말이라는 단계는, 평가를 실시하라는 것이 아니다. 유아들이 수업과정에서 학습목표와 관련하여 충분한 상호작용을 하였는지, 교사는 적절하게 반응하였는지를 돌아보는 단계이다. 따라서 수업성과를 확인하기 위하여 수업내용을 질문하기보다는 "오늘 활동하면서 어떤 부분이 제일 재미있었어요?" 혹은 "오늘 활동을 해 보니 무엇을 좀 더 했으면 좋겠어요?"라는 질문으로 충분하다.

4 과학수업은 교사의 질문이 중요하다는데 어떻게 사용하면 좋을까?

흔히 교사가 학생에게 무엇인가를 요구할 때 질문을 사용한다. 질문은 중요한 교수전략이며 교사들이 활용하는 학습지도안 역시 질문에서 시작이 된다. 질문 외에 발문이라는 용어도 수업에서는 많이 쓰인다. 대체로 발문은 수업시작에서 활용하는 교사의 질문이라고 할 수 있는데, 발문과 질문을 굳이 교사의 입장에서는 명확히 구분해서 사용할 필요는 없다. 두 개의 유사한 단어는 그 활용과 목적에서 차이가 있다.

(1) 발문과 질문

모든 수업은 발문과 질문, 대답으로 구성된 언어적인 상호작용의 흐름에 의해 전개된다. 발문과 질문은 의미상 차이가 있다. 발문은 교사가 학습을 진행하기 위하여 학생들에게 일종의 문제제기를 하는 것이다.

발문은 수업의 도입부분과 수업의 과정 중에 많이 활용되며, 유아들이 학습에 적극적으로 참여하도록 만들거나 호기심을 가지도록 하는 것이 그 목적이며, 학습의 과정에서도 유아들이 새로운 활동이나 상호작용을 하도록 격려하는 역할을 하기도 한다. 즉, 유아들이 특정활동에 대한 사고를 시작하게 하고 확장시키는 데 그 목적이 있다.

발문은 물음이라는 언어적 형태에 한정되기보다는 수업 전에 학습동기와 흥미·호기심을 고조시키기 위한 다양한 형태의 암시와 제시 등도 포함할 수 있다(영상이나 사진, 물건의 제시 등도 일종의 발문이라고 할 수 있을 것이다). 능숙한 교사의 발문은 유아들이 스스로 활동하도록 만들어 준다.

질문은 기억의 재생과 확인이나, 모르는 것을 알아보기 위한 목적으로 사용되는 것으로 무엇인가를 모르는 입장에 있는 사람에게 던지는 물음이 질문이다. 따라서 수업의 과정에서 본다면 질문은 평가적인 성격을 가지고 있다고 할 수 있다.

예를 들어, 경사로에서 경사로의 특성에 따른 자동차의 속도를 비교해 보는 활동을 시작하기 전에 "경사진 길에서 굴러 내려오는 수레나 자동차를 본 적이 있나요?" 혹은 의문문의 형태가 아니더라도 "우와! 저기 경사로에 밑에 있는 자동차 좀 봐. 경사길에서 굴러내려 왔나 봐(경사로 끝에 자동차가 아무렇게나 놓여져 있는 사진을 유아들에게 보여주며)"라고 한다면 발문에 속한다고 할 수 있다. 유능한 교사는 발문을 세밀하게 계획한다. 유치원 수업의 도입단계에서, 흥미로운 발문은 유아들의 학습동기를 강하게 불러일으킬 수 있다.

본시 수업에서 서로 다른 경사로에서 장난감 자동차나 수레를 굴려보는 활동 중에 유아들의 추측이나 가설 등을 끌어내거나 답을 유도하기 위하여 "그렇다면 울퉁불퉁한 길에서 자동차를 굴렸을 때 어떻게 될까요?" 혹은 "무거운 자동차와 가벼운 자동차 중 어느 쪽이 더 빨리 경사로를 내려왔나요?", "왜 그렇게 생각하나요?"라는 형태는 질문이라고 할 수 있다.

〈표 10-1〉 발문과 질문

발문	유아의 사고를 자극하고 흥미와 호기심을 발현시켜 발달을 격려하는 교사의 모든 언어 (사고를 촉진시키는)
질문	내용에 대하여 알지 못하는 사람에게 내용 확인을 위하여 제시하는 물음(기억의 재생과 내용의 확인)

(2) 질문의 유형

질문이란 교사가 학생에게 일정한 답을 요구하거나 의문사항을 제시하는 것으로서, 교사와 학생의 구체적인 상호작용의 한 형태이다. 탐구수업이나 발견학습에서 질문의 중요성이 강조된다.

교수-학습 상황에서 발생하는 교사의 발문은 다양한 형태로 나타난다.

〈표 10-2〉 Gallagher와 Aschner(1963)의 발문 분류

인지 기억형 질문	인식, 기계적 암기, 선택적 회상 등의 과정을 통해 기억하게 된 사실, 개념 등을 단순히 재생성하도록 하는 질문
수렴적 질문	기억하고 있는 자료를 분석하고 통합하도록 요구하는 것으로, 정답이나 최선의 답을 이끌어 내는 질문
발산적 질문	어떠한 상황의 결과 또는 불확실한 미래에 대한 예언, 가설 정립, 추론, 분석된 요소들을 재편성하는 등 지적인 활동을 요구하는 질문
평가적 질문	대답하는 사람의 판단, 가치, 선택의 정당화, 의사결정 등을 알아보는 질문

질문은 교수-학습에서 중요한 전략이며, 질문을 통하여 유아들이 생각을 정리하여 명료화하고, 확장시키는 역할을 한다.

이영순(1986)은 유아들에게 언어적 반응을 불러일으키기 위한 교사의 의도적 언어표현이라고 하였는데, 초·중·고등학교에서는 질문과 응답 이외에도 글로 직접 쓰거나 하는 등의 방법을 통해 수업을 진행하기도 하지만 글을 아직 익히지 못한 유아들의 경우 대화를 통한 의사소통이 수업의 대부분을 차지하기 때문에 그 중요성이 더욱 높다고 볼 수 있다.

질문은 교사와 학생, 학생과 학생 간에 활발하게 사용되어야 한다

글쓰기 연습을 겸한 요약 및 복습 10

기술과 서술의 차이점	
서술	기술보다 넓은 의미로 어떤 사실에 대한 특징을 순서대로(시간적, 인과적) 적어나가는 것. 글쓴이의 주관적 관점이 논리에 따라 드러나야 한다.
기술	어떤 대상에 내용이나 특징들을 열거하여 쓰는 것을 말한다. 글쓴이의 주관적 관점은 배제된다.

1. 기술 및 서술과제

과제 1	유아과학교육에서 오개념의 가치를 서술해 봅시다.
과제 2	자신의 수업효과를 확인하려면 어떻게 하면 좋을지 서술해 봅시다.

2. 키워드를 따라가는 학습

다음 키워드의 뜻이나 정의를 써 보거나 설명해 봅시다.

산파법	
질문	※ 질문을 만들어 봅시다(3개 이상).
발문	※ 발문을 만들어 봅시다(5개 이상).

CHAPTER 11

유아과학교육 평가

유아교육에서 평가에 대한 견해는 다소 엇갈릴 수 있다. 우리가 일반적으로 생각하는 평가는 학습이 끝난 후에 어떤 것을 알고 있는지를 알아보는 것이다. 그러나 유아를 대상으로 무엇인가에 얼마만큼 알고 있나를 알아보는 것은 조심스럽게 접근해야 한다.

누군가가 "도대체 유아교육에서 평가란 어디에 쓰려고 하는 것인가요?" 묻는다면 어떤 대답을 해야 할 것인가에 대하여 생각해 보자.

선천적인 호기심과 흥미를 가지고 일상을 가득 채우고 있는 유아를 대상으로 무엇인가를 평가하는 것이 과연 타당한가? 평가를 통해서 우리는 유아에게서 무엇을 알아내고 싶어 하는 것일까?

일반적으로 평가라고 하면 측정 결과를 바탕으로 가치를 부여하는 것으로 유아발달의 전반적인 수준에 대한 정보를 수집하여 해석하고 그 결과에 근거하여 교수계획을 수립하여 적절한 프로그램을 제공하는 과정이라고 할 수 있다.

전통적인 표준화 검사나 성취도를 강조하는 평가의 강조는 유아의 발달에 있어서 지극히 작은 한 단면에 대한 정보를 제공할 수 있었을 뿐이며, 유아의 지식과 기술로 이루어진 평가내용은 지속적으로 비판을 받아왔다. 평가의 결과에서 수량화를 강조한다면, 자칫 유아들을 서열화하거나 상대적인 수준을 나누는 도구로 활용될 위험도 있기 때문이다.

물론 초등이나 중등을 비롯한 어떤 학제에서도 평가는 필수 불가결한 과정이며, 평가의 형태 또한 다양하지만, 유아들을 대상으로 실행하는 평가는, 성취도를 강조하지 않도록 신중해야 할 필요가 있다. 굳이 유치원에서 평가가 필요하다면 유아의 활동을 통하여 교사의 활동을 반성하고, 후속학습을 위한 시사점으로만 사용해야 한다.

1 유아과학교육 평가의 의의

평가(evaluation)는 어떤 대상의 가치를 밝히는 것이며, 측정(measurement)은 수량화된, 객관적인 정보이며 특정한 도구를 사용하여 무엇인가를 재는 것이다.

측정과 평가라는 두 용어는 어떻게 보면 선후관계라고 할 수 있으며 일반적으로 수량화된 측정절차 후에 그 결과에 가치를 부여하는 평가의 과정이 따르게 된다.

미국의 NRC(National Research Council)는 "유아과학교육에서 평가는 유아의 과학적 성취와 진보에 대한 다양한 정보를 수집하고, 정보를 해석하여 교수-학습과정에 반영하며, 부모와의 의사소통을 수단으로도 사용할 수 있는 복합적인 과정이라 볼 수 있다"라고 정의하고 있다.

즉, 유아과학교육에서의 평가는 현재보다는 미래에 초점을 두어야 한다. 수업목표달성의 성취를 확인하는 절차가 아니고, 유아가 미래에 도착할 수 있는 도달점에 분석과 그 결과에 근거한 교사피드백의 재설계와 새로운 수업계획수립을 위한 일련의 통합적인 과정이다. 따라서 평가에서는 유아의 미래를 지향한다는 측면을 강조해야 할 필요가 있다.

(1) 유아과학교육평가의 목적

유아과학교육에서 평가의 목적은 다음의 두 가지로 제시될 수 있다

첫째, 유아들이 과학학습의 과정에서 무엇을 알게 되었고, 이에 따라 유아들이 더 무엇을 할 수 있는가에 관한 정보를 수집하기 위한 것이다.

둘째, 교사가 과학교육의 과정에서 투입한 모든 교육적 활동(교수 및 활동)이 어떠하였는가에 관한 정보를 수집하기 위한 것이다.

미국 국가연구위원회(NRC, 2001)에서는 유아과학교육의 평가목적을, 첫째, 형식적 · 비형식적 방법의 활용을 통하여 영유아의 진보를 확인하고 영유아의 학습 성취 정도를 교사가 알 수 있도록 한다.

둘째, 평가결과에 기초하여 후속 교수-학습의 활동 계획을 수립할 수 있도록 돕는다.

셋째, 영유아의 성취수준을 평가하고 보고할 수 있도록 한다.

넷째, 투입된 교육프로그램을 효과를 평가한다.

전반적으로 목표달성의 점검과 후속 학습활동의 방향성을 제시하는 것이 평가의 목표임을 제시하고 있다.

(2) 평가의 방법

평가의 목적이 유아개인의 능력평가라는 측면보다는 교사의 교육적인 활동에 대한 총괄평가라는 목적이 훨씬 더 강조되고 있지만, 개별유아의 미래의 도달점에 대한 새로운 정보도 필요하므로 유아의 개별적인 과학활동에 대한 부분도 과학수업의 일부로써 진행되어야 한다.

① 관찰

일상생활에서 나타나는 유아들의 자연스러운 행동을 기록하는 것이며, 교수-학습 과정의 자연스러운 일부분이므로 관찰은 실제 형식적인 "평가"의 형태로 생각되지 않을 수도 있다. 관찰은 다른 평가 방법에 비하여 유아의 발달 수준을 보다 사실적으로 보여줄 수 있으며, 발달 특성상 언어적 의사소통이 원활하지 않은 유아에게 특히 적합하며, 비언어적 행동에 대한 정보도 제공해 준다. 유치원에서의 일상에서 쉽게 진행할 수 있다.

어른들의 관찰은 중요한 평가활동이다

② 일화기록

과학활동 중 특정 행동이나 태도의 변화를 있는 그대로 기술하는 방법으로 현장에서 가장 많이 사용되고 있는 평가방법이라고 할 수 있다. 기본적인 형태는 관찰에서 시작된다. 교사는 관찰 상황이나 환경을 미리 설정할 필요 없이 유아를 관찰하고 중요하다고 생각되는 것을 그때그때 기록하며 세심한 관찰을 통하여 활동의 과정에서 유아가 표현하는 과학적 지식과 태도를 놓치지 않아야 한다. 일화기록을 위한 양식에는 관찰자, 관찰 일시 및 장소, 과학적 사건 및 상황에 대한 요약, 유아가 어떤 말을 했고, 누구와 어떤 이야기를 했으며 어떤 행동을 했는지가 구체적이고 간단 명료하게 기록되어야 한다. 교사는 관찰 당시 일어난 상황에 대하여 전혀 모르는 사람도 이해할 수 있도록 관찰내용을 객관적으로 타당성 있게 기록해야 한다.

③ 체크리스트

평가하고자 하는 과학 활동에서의 구체적인 행동특성(과학적 과정기능, 태도)을 미리 목록으로 작성한 후 각각의 행동이 나타나는지를 관찰하여 '예, 아니로'로 표기한다. "관찰 능력이 있다"와 같은 포괄적인 문항보다는 "시각적 관찰을 한다" 혹은 "또 다른 감각을 사용한다"와 같이 관찰 가능하고 구체적인 문항을 사용해야 하며, 교사는 각각의 행동목록을 잘 이해하고 있어야 평가의 진행이 원활하다. 체크리스트는 수량화가 가능하고 반복적인 사용을 통해 발달의 변화과정을 알아볼 수 있다.

④ 평정척도

행동단위의 의미있는 조직과 분류가 어렵고, 행동의 질적 수준 판단이 어려운 체크리스트의 단점을 보완하여 표적 대상이 되는 행동의 출현 유무뿐 아니라 행동의 질이나 발생 빈도에 따라 점수를 부과한다. 평정척도는 체크리스트에 수량적인 점수를 부여하는 것이므로 평가하고자 하는 과학 행동목록이 미리 준비되어 있어야 한다.

⑤ 면담

유아가 특정 과학 개념이나 지식을 정말 이해했는가를 질문을 통해 직접적으로 알아내는 방법인데, 교사와 유아 간의 직접적인 상호작용을 통해 이루어지는 면담은 관찰로는 쉽게 얻기 어려운 정보를 수집할 수 있다는 것이 장점이다. 교사가 유아에게 질문을 할 때, 유아가 강요나 위협의 느낌을 받지 않고 교사가 자신의 활동에 정말로 관심을 갖고 있다고 느끼게 해야 하며, 일상적인 대화와 같은 형식의 면담이 되어야 하며 구두테스트(oral test) 같은 느낌으로 진행해서는 안 될 것이다.

⑥ 과학일지쓰기

과학일지는 유아에게 자신의 과학 활동 경험을 다양한 표현형태(글, 그림)로 일지를 작성하게 하며, 과학적 지식과 태도를 표현하도록 해주며 교사의 입장에서는 순차적 쓰기 활동이 이루어지는 과학일지를 통해 유아의 학습 태도, 지식, 기술의 변화를 평가할 수 있도록 해 준다. 과학일지를 통해 교사는 자신의 교수방법의 문제점을 평가할 수 있으므로 교육적 시사점을 얻을 수 있다.

⑦ 포트폴리오 평가

관찰, 면담, 검사, 작품 수집, 과학일지쓰기 등의 모든 방법으로 얻은 결과를 장기간에 걸쳐 모아둔 자료집을 포트폴리오라고 하며, 그것을 보고 평가하는 방법이다. 다양한 평가의 결과가 포함되어 있으며, 교사, 또래, 가족과 유아 자신이 모두 평가의 주체가 된다는 점에 총체적인 평가방법이라고 할 수 있다. 유아에 대한 체계적인 관찰기록과 유아들이 성취한 과학 활동의 결과물, 활동이나 프로젝트에 대한 보고서, 과학영역의 참여 정도 등에 대한 기록 등을 수집할 수 있으며, 유아의 직접적인 활동 및 그 과정에 대한 탐구가 강조되므로 포트폴리오는 총체적인 과학의 평가로 활용할 수 있다.

(3) 과학수업에서의 평가

과학교육의 내용을 과학적(개념), 과학적 태도, 과학 과정적 기능(프로세스 스킬)으로 분류할 수 있으므로 세 가지의 영역을 평가해야 한다. 그렇다면 세 번으로 나누어 평가해야 할 것인가? 평가는 중요한 교수-학습 활동이지만 평가의 횟수가 많으면 오히려 평가를 위한 평가가 되기 쉬우니 가능한 한 줄이는 것이 좋다.

과학적 과정기능과 과학적 태도는 매우 밀접한 연관성이 있다. 과학적 태도는 마틴(Martin, 2001)의 주장대로 호기심, 적극성, 객관성, 정직성, 개방성, 비판성, 인내심, 협동성으로 구성될 수 있지만 그러한 특성들은 유아들의 프로세스 스킬을 측정하는 과정에서 동시에 측정될 수 있다.

예를 들어, 유아들이 지금 유치원의 정원에서 주워온 여러 종류의 나뭇잎을 관찰하고 비교하는 활동을 한다고 할 때, 유아들이

> "이건 색깔이 다른 것과 달라. 네 것은 어떤 색이니?"
>
> "선생님, 이 나뭇잎은 정원에 떨어져 있던 것이 아니고, 연못가에 있던 것인데, 제가 주워 와서 보고 있어요."
>
> "교실 안에 화분에 있는 나뭇잎도 살펴봐야지, 같이 가보자."

등의 이야기를 한다면 그것은 분명히 과학적인 태도에서 호기심, 적극성, 협동심으로 볼 수 있을 것이다. 따라서 굳이 과학적 태도와 과정기능을 분리하여 평가할 필요가 없다.

과학적인 개념도 마찬가지이다. 여러 가지의 Process Skill을 활동 속에서 교사가 관찰하며 측정한다고 가정하면 Process Skill은 학습의 제재인 사물이나 현상을 이해하고 파악하기 위한 것이다.

그렇다면 사물이나 현상에 대한 관찰이나 분류, 비교 추론, 모델만들기 등의 일련의 Process Skill 과정이 끝나면 그 활동의 제재에 대한 개념형성은 교사가 평가할 만한 수준으로 도출되어 있을 것이다.

따라서 과학적(개념), 과학적 태도, 과학 과정적 기능을 굳이 별도로 측정할 필요는 없다. 유아들의 과학활동과정에서 과학적 과정기능을 측정만으로도 평가의 목적을 달성할 수 있다.

측정도구를 어떻게 구성하느냐, 어느 정도의 시간이 걸리느냐가 문제만 고려한다면 세 가지의 평가영역이 한 번에 이루어져도 문제가 없다.

유아들의 활동이 통합적이면, 평가도 통합적으로 이루어지는 것이 더욱 정확한 정보를 수집할 수 있다.

측정도구는 척도를 구성하여 수량화할 수 있다. 유아교육에서 포트폴리오 평가의 개념이 확산되면서 유아와 관계된 그 어떤 것이라도, 또 어떠한 형태도 포트폴리오로 만들 수 있으므로 계량화된 내용으로도 평가지를 작성할 수 있을 것이다.

그러나 측정결과는 계량적으로 표기되더라도 그것은 지극히 적은 부분만이 참고될 것이다. 더욱 중요한 것은 교사가 그 결과를 어떻게 해석하고 교수-학습에서 어떠한 시사점을 추출하느냐가 더욱 중요하다. 따라서 과정기능이 점수화되어 나오더라도 점수 외에 유아가 활동 중에 보였던 여러 가지 언어적·신체적 반응들을 더 중요하게 반영해야 한다.

유아의 발달 가능성과 잠재성에 계량화한 결과를 인용하여 해당 유아의 성취도에 대한 결론을 내려서는 안 될 것이며, 평가결과는 유아에 대한 정보의 아주 작은 부분이므로 그것으로 유아를 분류하거나 판단해서는 안 된다.

2 평가의 실제

(1) 과학적 과정기능의 평가

Process Skill 평가는 유아들의 과학수업과 활동 중에 나타나는 유아들의 과학적 과정기능(science process skill)의 발달을 평가하는 것으로 평가목적은 유아들의 과학적 지식과 능력, 실험에서의 활동 수준을 알아보는 것이다. 이러한 평가는 과학적인 개념형성 수준을 측정하는 것이 아니고 과학활동 중에 일어나는 행동을 통하여 유아들의 과학적 사고능력을 측정하는 것에 강조점을 두고 있다. 그러나 과제의 형태에 따라서는 Process Skill의 측정과정에서도 과학적인 개념의 성취를 확인할 수 있기 때문에 광범위하게 활용할 수 있다.

Process Skill 평가는 교사가 제시한 어떤 과제나 활동에 유아들이 참가하여, 수행과정 중에 일어나는 유아들의 행동이나 말 그리고 조작 능력 등을 평가해야 하는데, 할렌(Halen, 1999)은 Process Skill은 측정결과는 수행자의 학습능력에도 영향을 받지만, 과제의 특성이나 제시방법에도 영향을 받으므로 과제가 매우 체계적이고 세부적인 능력까지도 평가할 수 있도록 제작되어야 한다고 하였다.

유아들의 능력 수준이 동일하지 않으므로 과제가 단일한 능력을 측정하는 데 초점이 맞추어지거나 혹은 너무나 일반적인 과제라면 유아들의 진정한 능력이 제대로 발휘될 수 없으므로 평가의 세심하고 정밀한 설계가 필요하다.

표 11-1에서 제시한 과학적 과정기능 측정도구는, 유아들의 과학적 과정기능이 발현되고 발달하는 과정을 측정하여 평가의 도구로 활용할 수 있다.

〈표 11-1〉 Process Skill 측정도구

과학적 과정기능	평가항목
관찰(observing)	1. 사물이나 현상의 물리적 특성을 이해하기 위하여, 하나 혹은 그 이상의 감각기관을 이용하여 세밀하게 관찰하는가? 2. 관찰해야 할 유의미한 항목의 관찰에 초점을 맞추는가? 3. 관찰된 현상을 이해하기 위해 적합한 질문을 하는가?
의사소통 (communication)	1. 이 다음에는 어떻게 할 것 인가에 대한 계획을 혼자 혹은 다른 친구들과 이야기하는가? 2. 활동의 결과에 대하여 자기의 느낌을 이야기하는가? 3. 다른 유아들과 이야기를 하거나 교사의 지도를 통하여 자신의 활동결과를 수정하거나 수정하려는 시도를 하는가?
분류(classifying)	1. 대상 간의 유사점과 차이점을 알고 대상들을 비교 및 대비해 보는가? 2. 물리적 속성에 따라 분류하는가? 3. 몇 가지 이상의 물리적 속성에 따라 대상을 분류하는가?
추론(inferring)	1. 유아들이 의문이나 궁금한 점을 확인하려고 시도하는가? 2. 유아 나름대로의 사물이나 현상에 대해서 이론을 세우는가?
예측하기(predicting)	1. 현상이나 사물에 대하여 "만약 ~하면 이렇게 될 것 같아"라는 표현을 하는가? 2. 여러 가지 사물이나 현상이 왜 그런 방식으로 존재하는지, 왜 그런 식으로 작동하는지에 대하여 유아 나름대로 설명할 수 있는가?
모델만들기 (making model)	1. 현상이나 사물의 변화나 작동체계를 그림으로 표현할 수 있는가? 2. 현상이나 사물의 체계를 그림 이외의 다른 방법으로 표현할 수 있는가?
변인조작 (controlling variable)	1. 또 다른 활동을 하려는 표현이나 질문을 하는가? 2. 동시에 2가지 혹은 그 이상의 변인을 통제하는가?

이러한 도구를 이용하여 과학적 과정기능을 평가할 때, 주의해야 할 부분들이 있다.

과학적 과정기능은 눈에 보이는 스킬일 수도 있으며, 교사들의 눈에 잘 띄지 않을 수도 있다. 그런 특성 때문에 과학적 과정기능을 측정할 때는 미리 기능의 특징에 따라 "잘했구나 또 다른 방법은 없니?", "너희들 활동에서 재미있었던 점을 이야기해 볼래?", "흠... 이제부터는 뭘하면 좋을까?", "선생님이 너라면 이런 걸 한번 해 보고 싶어" 같은 언어적인 표현을 교사가 활용하여 유아들의 활동을 가이드하거나 촉진해야 할 필요가 있다.

〈표 11-2〉 평가도구 활용 시 유의사항

과학적 과정기능	유의사항
관찰(observing)	관찰은 오감(시각, 청각, 후각, 미각, 촉각)을 이용해서 진행되는 활동이므로 유아들이 다양한 신체감각을 활용하는지가 중요하다. 유아들이 관찰 활동 시 유아들의 반응을 이끌어내는 교사의 질문들을 미리 준비하는 것이 좋다.
의사소통(communication)	의사소통의 경우 유아들이 활동을 수행하는 도중에서 다른 유아들과 정보를 공유하거나 다른 활동에 대한 계획들을 논의하는 언어적인 반응들을 확인하는 것이다.
분류(classifying)	분류대상이 된 사물의 특징들을 유아들이 알고, 그 특징을 이용하여 분류하는 활동들을 확인하며, 분류 활동이 완료되고 분류기준을 교사가 직접 질문해도 괜찮다.
추론(inferring)과 예측하기(predicting)	유아들이 활동을 통하여 사물이나 현상에 대한 정보를 수집하여 인과관계나 혹은 원리들을 언어적으로 설명하는 것을 확인한다.
모델 만들기 (making model)	유아들이 학습의 주제가 되는 사물이나 현상에 대하여 그림이나 다른 형태로 그것을 표현할 수 있는가를 확인한다.
변인조작 (controlling variable)	사물이나 현상에 변화를 주는 변인을 확인하고 조작하는 활동을 확인한다.

(2) Process Skill 평가 시 유의사항

Process Skill 평가는 과학적인 탐구활동의 과정 중에서 형성되는 다양한 스킬에 대한 유아들의 이해 정도와 체득에 초점을 맞추어야 하는데, 탐구과정에서의 유아들의 활동과 비가시적인 능력인 과학적 태도나 호기심 등도 측정해야 한다.

유아들의 특성은 너무나 다양해서 하나의 활동을 통해서 유아의 평가는 제대로 이루어지지 않을 수도 있으므로 다양한 형태의 평가활동이 필요하다. 그러나 시간이나 공간의 제약으로 여러 가지 형태의 평가를 유아들에게 맞추어서 실행하기는 어렵다.

이른바 조용한 유아들의 경우, 집단 활동에서는 매우 소극적인 경향을 보일 수도 있으므로 평가 과정에서 유아들의 반응을 이끌어 내기 위한 교사의 언어적인 자극 제공도 필요하다.

즉, 평가의 과정이 유아에게나 교사에게 있어서 단순히 관찰한다는 차원에서 벗어나 유아들이 활발히 활동을 할 수 있도록 교사 역시 적극적으로 언어적이거나 신체적인 자극을 지원해야 한다.

① 활동과 평가를 억지로 구분하지 말아야 한다

Process Skill 평가는 유아들의 활동 중에서 일어나는 유아들의 Process Skill의 발현과 지시, 그리고 태도를 관찰하는 것이다.

그러나 Process Skill의 활동특성상 활동 자체가 바로 평가가 되는 경우도 있다. 예를 들어, 유아들이 동전이나 단추를 관찰하여 비교한다는 것은 그 자체가 곧 활동이며 활동의 시기나 진행에 따라 평가도구 자체가 될 수 있다.

유아들이 자연스럽게 활동하는 과정에서 자연스럽게 교사가 의도하는 평가요소들이 보여질 수 있도록 활동 그 자체를 평가도구화하는 것이 가장 중요하다.

② 평가를 위한 활동은 복합적으로 설계되어야 한다

유아들의 과학평가를 위한 활동은 하나의 활동에서 여러 가지의 과정기능을 살펴볼 수 있도록 설계하는 것이 좋다. 이것은 단지 여러 가지 스킬을 한번에 평가할 수 있다는 편의성을 고려하여서가 아니다.

과학적 과정기능은 각각의 특성을 살펴보면 하나의 기능이 다른 기능과 매우 밀접하게 연관되어 있어서, 활동의 맥락에서 연속적으로 나타날 수 있는 기능들이 매우 많다.

이러한 점을 감안하지 않는다면 평가가 맥락적이지 않고 유아들의 자연스런 활동에 방해가 될 수 있다. 따라서 평가의 도구로서 활동을 계획할 때, 적어도 2~3개 이상의 과학적 과정기능들이 연결될 수 있도록 구성해야 한다.

예를 들어 관찰은 비교나 분류와 필수적으로 연결될 수밖에 없으며, 추론은 의사소통이나 모델링을 동반하게 된다.

〈표 11-3〉 복합적인 과정기능 평가 활동의 예

활동명	방법	과정기능 평가요소	유의점
상자 안에 무엇이 들어 있을까요?	큰 종이박스에 손이 들어갈만한 구멍을 뚫고 여러 가지 물건을 넣어놓은 뒤, 물건 이름 알아 맞추기	1. 추론 2. 예측 3. 의사소통 4. 관찰(촉감)	• 위험한 물건을 상자 안에 넣지 않도록 한다. • 비슷한 물건을 넣어서 유아들이 오류를 행하도록 하는 것도 중요하다.
자동차 모델링 해 보기	자동차 모형을 고관찰한 뒤 그림을 그려보고 각 부분 이름 붙이기 *모델링의 경우 유아들의 집단활동보다는 개별적인 활동을 통하여 평가를 수행하는 것이 좋다.	1. 관찰 2. 모델링 3. 추론 4. 예측 5. 의사소통	• 자동차의 외형을 모델링과 더불어 내부관찰을 통한 묘사도 중요하다. • 다른 유아들의 자동차모델을 보고 어떠한 이야기를 하는지 주목해야 한다. • "브레이크는 어떻게 작동하는 것일까?"라는 유아들이 쉽게 볼 수 없는 부분에 대한 질문도 필요하다.
저울에서 수평 맞추기	중심점의 이동이 가능한 저울을 만들어 놓고 추를 다양하게 준비하여 균형 맞추기	1. 관찰 2. 분류(추의 종류) 3. 비교 4. 추론 5. 예측 6. 의사소통	• 교사가 저울의 균형을 무너뜨려 놓고 유아들은 균형을 잡는 과제를 주는 것이 보다 더 활발한 활동을 일으킬 수 있다. • 가능한 한 다양한 재질과 크기를 가진 추를 많이 준비해야 한다.
풍선 속에서 일어난 일	풍선에 사인펜으로 그림이나 점, 별 모양을 그린 뒤, 풍선 불어보기	1. 관찰 2. 비교 3. 의사소통 4. 추론 5. 모델링	• 풍선은 유아나 교사 중 누가 불어도 상관없으나 가능한 한 단계적으로 불어서 풍선 표면에 일어나는 변화를 유아들이 자세히 관찰할 수 있도록 하자.

③ 유아들의 반응을 끌어낼 수 있는 가이드를 제공하라

유아들은 활동 중에 다양한 반응을 보인다. 그러나 평가를 처음 해 보는 교사들은 유아들의 반응이 나타나지 않거나 혹은 어떠한 반응이 평가도구의 확인사항이 될 수 있는지 즉시 판단하기는 어려운 경우가 많다. 또, 일부 유아들은 그들의 흥미나 관심도에 따라 활동에 적극적으로 참여하지 않을 수 있다. 이럴 경우, 활동이 진행되는 과정이라 적극적으로 참여하지 않은 유아는 활동의 과정에서 벗어나게 된다. 따라서 해당 유아를 위해서는 새로운 활동이나 교사의 언어적인 자극을 통하여 활동에 참여시키거나 해당 반응을 일으키도록 할 필요가 있다.

예를 들면,

"다른 친구들 저울을 봐. 어느 쪽으로도 기울어지지 않고 있네, 너희들 것은 어때?"

"이번 자동차는 ○○이가 한번 굴려볼까?"

"이 자동차는 바퀴가 작네, 큰 바퀴가진 자동차는 어떻게 굴러갈까?"

"너희들은 활동을 빨리 끝냈네. 이제 뭐 하고 싶어?"

활동과정 중에 평가는 유아들의 활발한 반응이 중요하다. 교사는 유아들이 활발하게 반응할 수 있도록 미리 언어적인 가이드를 준비하여 원활하고 자연스러운 평가가 이루어질 수 있도록 해야 한다.

④ 사물의 구체적인 조작활동이 필요한 과제를 선정해야 한다

과학적 과정기능은 가시적인 조작적 기능이며 사고능력이다. 교사들이 관찰을 위해서는 활동 중에 다양한 과학적 과정기능을 유아들이 자연스럽게 보여주어야 한다. 따라서 과학적 과정기능과 유아들의 의도, 호기심 등을 교사가 확인할 수 있는 과제를 선정해야 한다.

유아들의 과학 활동은 발달단계에 적절한 것이어야 함은 당연하지만, 난이도에 상관없이 유아들의 흥미를 끌 수 있어야 하며, 설령 그 과제가 다소 어렵더라도 유아들의 관심을 끌 수 있는 부분이 있다면 유아들은 적극적인 참여와 반응을 보여준다.

유아들의 아무리 사소한 반응이라도 그것이 해당 과제에 대한 유아의 적극적인 반응이라면 교사는 놓치지 않고 관찰할 수 있어야 한다.

(3) 모델링의 평가

유아는 사물이나 현상을 접하고, 유아 나름대로의 표상을 만들고, 기회가 주어지면 표상을 그려내거나 입체모형을 만들거나, 언어로 표현한다. 그것이 유아의 모델링이다.

과학적 과정기능으로서 모델링의 평가는 유아들의 사고과정의 변화와 사물과 현상에 대한 이해 정도를 알 수 있게 한다.

모델링은 유아들의 산출모델을 평가함으로써 이루어진다. 유아들이 만든 모델은 그림, 모형 등이 가장 많은 형태이고, 설명이나 제스처 등도 모델의 한 형태이다.

시각적 모델링은 유아가 그려내는 형태가 가장 흔하기 때문에 미술의 한 영역이라고 할 수도 있으나 미술에서의 그리기와는 모델의 역할 때문에 평가에서는 차이가 있다.

〈표 11-4〉 미술에서의 그림과 과학에서의 모델

구분	대상	목적	기능
미술에서의 그림	• 유아들이 그리고자 하는 모든 것이 대상이다. • 대상 선정에 기준이 없다.	• 정서함양을 통하여 바람직한 성장을 추구한다. • 예술적이고 지각적인 기능의 발달을 추구한다.	• 감정, 경험의 표현도구 • 상상력과 창의성의 발달을 도와준다. • 활동 그 자체가 정서적인 안정과 발달에 도움이 된다.
과학에서의 모델	• 사물이나 자연현상 • 추론을 통한 모델링을 할 수 있도록 내부의 움직임이나 작동이 있는 사물 • 과학적인 법칙이나 원리가 쉽게 표현될 수 있는 자연현상	• 유아들이 사물이나 현상에 대하여 알고 있는 것을 표현한다. • 모델링의 결과로 추상적이거나 복잡한 것을 구체적이거나 단순화하여 사물이나 현상을 쉽게 설명할 수 있도록 한다.	• 유아들 학습의 결과물로서 유아의 사물이나 현상에 대한 이해 정도를 알려 준다. • 모델링의 결과로서 유아들의 관찰, 추론, 예측, 의사소통 등의 과학적 과정기능의 발달에 대한 정보를 제공한다.

모델링을 평가하기 위하여 4가지의 평가요소를 설정할 수 있는데,

첫째, 모델의 설명력이다. 모델의 설명력은 유아가 만든 모델이 대상이 되는 사물이나 현상을 잘 묘사하고 있는가를 평가하는 것이다. 외형의 묘사뿐 아니라 보이지 않는 내부의 움직임이나 구조도 추론을 통하여 묘사할 수 있어야 한다.

둘째, 모델구성의 정교성이다. 모델묘사가 얼마나 정확하며, 외형의 경우 실제모습과 근접하면서도 특징을 잘 묘사하고 있는지를 평가하며, 내부나 작동원리의 경우 실제와 어느 정도 일치하는가를 평가하는 것이다.

셋째, 리모델링의 과정이다. 이것은 모델의 구성결과에 대하여 수정하려는 노력과 그 과정을 평가하는 것이다. 리모델링을 하면서 다른 유아와의 상호작용과 그것을 토대로 자신의 모델을 수정하려는 시도가 가장 중요한 평가요소이다.

넷째, 리모델링의 결과이다. 리모델링을 통하여 수정한 모델은 예전의 것과 비교하여 변화가 있는가? 있다면 어느 부분에서 어느 정도 변화하였는가를 평가하는 것이다.

〈표 11-5〉 유아들의 모델링 평가

항목	평가내용
모델의 설명력	1. 대상 사물이나 현상을 다른 유아나 교사가 얼마나 잘 이해할 수 있는가? 2. 보이지 않거나 볼 수 없는 부분도 묘사하거나 설명하려고 시도하였는가? 3. 자기가 만든 모델에 대하여 스스로 설명할 수 있는가?
모델 구성의 정교성	1. 모델(그림, 만들기, 혹은 제스처)은 모델링하려는 하는 대상을 구체적으로 나타내고 있는가? 2. 모델의 역동적인 부분이나 작동 부분을 잘 묘사하고 있는가? 3. 모델의 기능이나 특징을 쉽게 알아볼 수 있는가?
리모델링의 과정	1. 리모델링을 위하여 정보를 새롭게 수집하거나 그러한 노력을 하는가? 2. 자신이 만든 모델이나 다른 유아들의 모델에 대하여 다른 유아들과 활발하게 이야기를 나누는가? 3. 다른 친구들의 모델이 전체적으로 혹은 부분적으로 잘 만들어진 것을 보고 자신의 모델을 수정하는가?
리모델링의 결과	1. 자신이 수정한 모델을 이전 모델과 비교하여 외형, 기능, 원리에 대하여 설명할 수 있는가? 2. 수정한 모델을 이전과 비교하여 볼 때, 대상의 외형 묘사나 원리의 이해, 설명의 측면에서 발전이 있는가?

모델의 설명력은 모델이 대상을 얼마나 잘 묘사하였나 하는 것이 아니고, 모델을 보고 대상을 얼마나 잘 이해하였는가에 달려 있다. 루돌프 아른하임(Rudolf Arheim)은 시각적 사고라는 용어를 사용했는데, 시각과 인지는 분리되어 사용되지 않고 시각 자체가 곧 사고라는 것이다. 이는 시각과 사고의 상호작용과 통합을 의미한다고 할 수 있다.

그렇다면 유아가 대상을 보고 그릴 때, 단순한 시각적 이미지를 그리는 것이 아니고 대상을 보는 순간 그 대상에 대하여 생겨난 나름대로의 이해에 근거하여 그림을 그린다는 것을 유추할 수 있다.

"풍선 안에는 어떤 일이 일어났을까?"라는 활동은 공기의 부피(크기)에 관한 것인데 공기에도 부피(크기)가 있다는 사실은 풍선에 그려진 별들의 거리가 멀어지는 것(풍선이 부풀어 오른 것)으로 알 수 있지만, 왜? 그렇게 멀어지는가 라는 이유는 모델 B가 더욱더 잘 설명해 주고있다.

모델의 설명력

글쓰기 연습을 겸한 요약 및 복습 11

기술과 서술의 차이점	
서술	기술보다 넓은 의미로 어떤 사실에 대한 특징을 순서대로(시간적, 인과적) 적어나가는 것. 글쓴이의 주관적 관점이 논리에 따라 드러나야 한다.
기술	어떤 대상에 내용이나 특징들을 열거하여 쓰는 것을 말한다. 글쓴이의 주관적 관점은 배제된다.

1. 기술 및 서술과제

과제 1	평가의 목적을 기술해 봅시다.
과제 2	미술에서의 그리기와 과학에서의 시각적 모델링을 비교 · 기술해 봅시다.

2. 키워드를 따라가는 학습

다음 키워드의 뜻이나 정의를 써 보거나 설명해 봅시다.

측정	
평가	
모델의 설명력	

CHAPTER 12

유아과학교육을 위한 환경구성

교육에 영향을 미치는 환경은 단지 교사나 교육기관으로 한정할 수 없으며, 교육기관을 둘러싼 모든 인적·사회적·물리적 환경이 영향을 주고 있다. 즉, 교육은 교육이라는 행위 자체에 한정되기보다는 사회라는 맥락 안에서 생각해야 하며, 사회구성원들의 삶의 일부이며 사회와 분리될 수 없으므로, 교육을 위한 환경이라는 범위는 매우 광범위해진다.

유아과학교육을 위한 환경 역시 유치원에서의 과학교육이라는 영역에 한정될 수 없으며, 가정환경을 포함한 유아를 둘러싼 일상의 모든 것이 과학교육을 위한 환경이다.

일반적으로 유아과학교육을 위한 환경은 심리적 환경과 물리적 환경으로 분류하여 살펴볼 수 있지만, 그보다 앞서서 유치원 교사 양성기관부터 언급될 필요가 있다.

1 예비교사를 위한 대학 환경의 구성

(1) 대학의 강의실

유아과학교육을 위한 환경은 흔히 유치원의 학급이란 물리적 환경을 지칭한다. 유치원의 과학교육을 위한 환경구성 이전에 언급되어야 할 것은 대학에서의 유아과학교육 환경이다.

유아교육과 교육과정에서 유아과학교육은 전공필수로서 수학교육과 같이 교과교육에 있어서 중요한 비중을 차지하고 있다. 유아과학교육은 이론으로만 이루어지는 경우도 있고 부분적으로 실기교육이 이루어지기도 한다.

유아과학교육에서 실기라는 의미는 대부분 유아과학교육을 위한 활동의 소개와 이를 위한 수업안의 작성, 교구의 제작으로 이루어지는데, 보다 효과적인 유아과학교육의 실제와 예비교사들의 활동을 위하여 각종 장비나 교구제작을 위한 재료가 비치된 전용강의실이 필요하다. 유아과학교육은 미술교육보다 훨씬 더 많은 장비와 교구가 필요하며, 종류 또한 다양해야 한다.

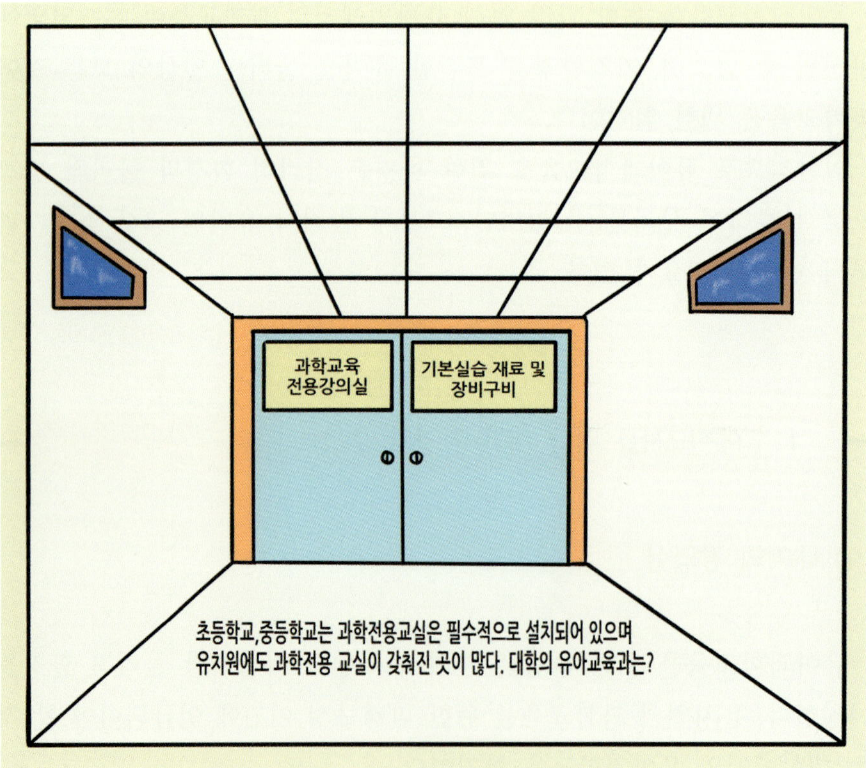

대학유아교육과의 과학교육을 위한 지원은 어떠한가?

또한 사물이나 현상의 변화에 대하여 알기 위해서 물리나 화학 활동을 위한 교구가 구비되어 있어야 한다. 온도 변화 등을 일으키기 위해서는 오븐이나 개수대 같은 장비들도 필요하다.

과학활동은 다른 수업도 마찬가지지만 교사들의 사전 준비와 활동을 통한 유아들의 반응과 활동에서의 변수들을 더 많이 고려해야 하고, 실험결과의 의외성을 더욱 고려해야 하므로 활동을 미리 기획하고 실행해 보는 것은 매우 중요하다. 따라서 대학에서 유아과학교육을 위하여 전용 강의실과 유아과학 활동에 공통적으로 사용할 수 있는 실제 장비와 재료들을 다양하게 구비한다면 유아과학교육을 지원하는 좋은 환경이 될 수 있을 것이다. 유치원 교사를 양성하는 대학에서부터 유아과학교육에 대하여 관심을 가지고 과학교육을 위한 환경을 갖추어야 한다.

(2) 과학교육에서 교사의 역할 인식의 강조

유아과학교육에서 교사는 아주 중요한 환경 요소이다. 과학교육은 대학의 유아교육과정에서 필수과목으로서 그 중요성이 증가하고 있지만 예비교사들의 과학교육에 대한 인식과 과학교육에서 어떠한 역할을 해야 하는지 잘 모르고 있는 경우가 많다. 과학수업을 진행해 나가야 하는 교사로서 교실에서 어떠한 역할을 해야 하는지 분명히 인식하도록 대학의 교육과정에서 강조해야 할 필요가 있다.

① 활동의 소개자이자 지식구성 가이드의 역할

유아가 자유로운 활동을 하도록 활동들을 소개하고 활동을 위하여 아이디어를 제공하는 역할을 하여야 한다. 구성주의적 교육의 관점에서 교사는 이제 더 이상 지식의 전달자는 아니다.

대부분의 저급지식에서부터 고급지식이 사람들에게 공개되어 있으며, 누구나 지식에 쉽게 접근할 수 있는 지식의 대중화 시대임을 명심해야 한다. 따라서 지식을 가지고 있는가 그렇지 않은가라는 것보다는, 가지고 있는 지식이 자기의 맥락에서 어떤 의미가 있으며 어떻게 활용할 것인가 하는 것이 더욱 개인에게 중요하다.

유아에게 무엇인가를 가르치려고 하기보다는 유아들이 스스로 지식을 구성할 수 있는 방법의 탐구를 강조해야 하며, 무엇을 가르치느냐보다는 어떻게 가르치느냐의 문제를 더욱 고민해야 한다.

② 관찰자이자 질문자로서의 역할

유아들에 대한 정보는 지식구성의 방법을 고민하는 교사에게 훌륭한 가이드가 된다. 유아들의 사물과 현상에 대한 흥미는 유아들이 가지고 있는 호기심과 욕구에 근거하기 때문이다. 이것은 유아들이 직면한 문제 해결을 적극적으로 도와줄 수 있는 단서가 된다.

유아들에 대한 정보는 세심하고 진정성 있는 교사의 관찰에서 얻어지는 것이다. 또한 유아들의 활동을 장려하고 가이드하기 위한 질문은 유아들의 활동방향을 결정할 수 있다. 체계적이고 정밀한 교사의 관찰과 질문은 유아들이 적극적인 활동을 자극하고 사물과 현상에 대한 유아 나름의 이론을 정립하는 데 큰 도움을 준다.

③ 새로운 과학활동의 연구자, 개발자로서의 역할

과학기술의 발달에 따라 과학지식은 끊임없이 새로 생겨나고 있으며, 이에 따라 유아들의 새로운 과학활동의 개발이 필요하다. 유아과학교육을 위한 새로운 활동은 과학자나 대학의 연구자들에게서 생겨나기 힘들다. 유아들을 위한 활동은 현장에서 직접 유아들을 대하고 지도하는 교사들에 의해서 만들어지는 것이 가장 적절하다.

교사들에 의해 개발되어야 현장의 맥락과 유아들의 요구가 반영된 학습목표에 적합한 활동들이 개발될 수 있다.

④ 교실문화를 창조해가는 역할

유치원의 교실문화는 유아들보다는 교사에 의존하게 된다. 발달의 초기에 있는 유아들에게 교사가 보여주는 행동특성, 가치관과 성격들은 지대한 영향을 준다.

유치원의 교실문화는 교사와 유아의 상호작용, 유아와 유아들 간의 상호작용에서 형성된다. 바람직한 유치원 교실은 집과 같이 안락하고 유아들이 무엇이든 용기 있게 시도할 수 있는 개방적이고 허용적인 분위기를 형성하도록 해야 한다.

교실문화는 유아들의 놀이, 언어, 학습, 모든 분야에 영향을 미치는데, 교사의 행동이나 말하는 모든 것이 유아들에게 롤모델(role model)이 된다. 교사의 특성 또한 유아들에게 영향을 미치는데, 교사의 감정과 느낌, 표현방법 등이 유아들 행동에 많은 영향을 미치므로 교사는 자신이 교실문화를 형성하는 데 결정적인 요인이라는 것을 항상 기억해야 한다.

⑤ 교육자이자 학습자로서의 역할

전통주의적인 교육에서 교사는 교육자로서 지식을 전달하고 학생은 그 지식을 수용하는 학습자의 역할을 하였다. 학습자의 지식구성을 강조하는 구성주의 교육은 교사의 역할에 있어서 변화를 가져오게 하였다. 교사는 유아들 활동의 촉진자이며 안내자 역할을 하며 동시에 유아들의 활동과 학습의 결과로부터 피드백을 받아야 하는 학습자이기도 하다. 즉, 유아들이 발달하는 과정에서 교사도 발달해야 하며, 교사는 그러한 반성적인 노력을 스스로 시도해야 한다. 이것도 교사와 유아들의 상호작용의 한 종류라고 할 수 있다. 구성주의에서는 교사와 학생의 구별이 없다. 학생이 발전하면 교사도 역시 발전해야 한다.

2 유아과학교육을 위한 심리적 환경

심리적 환경은 사람들의 관계에서 형성되는 환경이다. 유아의 과학교육에서 심리적 환경은 교사와 유아들이 과학수업의 과정에서 상호작용을 통하여 형성하는 분위기라고 할 수 있다.

과학교육을 위하여 유치원 학급의 분위기가 다른 수업과 특별히 달라야 할 필요성은 없지만, 교사들이 유아들에게 기대하는 것은, 유아의 자발적인 탐구활동이므로 유아들의 과학적 호기심을 강하게 자극할 수 있는 자율적인 분위기가 필요하다. 특히 허용적·활동적인 분위기의 형성은 매우 중요하다. 교사의 권위를 내려놓아야 하며, 교사 주도적인 활동의 진행은 가능한 한 자제해야 한다. 다만 과학 활동은 여러 가지 교구나 장비가 사용될 수 있으므로, 활동의 안전을 위한 규칙은 유아들과 약속하여 만들어 놓아야 한다.

(1) 교사는 허용적인 태도로 유아들의 호기심과 활동을 자극할 수 있어야 하며, 유아들이 하고 싶은 행동이나 이야기를 주저하지 않고 할 수 있도록 수용적인 자세를 취해야 한다.

(2) 유아들의 활동 시 소음과 움직임에 지나치게 예민하게 반응해서는 안 된다. 구성주의 교실은 유아와 유아, 교사와 유아 간의 수많은 언어적 상호작용이 일어나는 곳이므로 다소의 시끄러움은 당연하다.

(3) 교사의 긍정적인 피드백이 필요하다. 이것은 유아들이 자신의 오류를 두려워하지 않고 자유롭게 활동에 참여하는 용기를 준다. 그 누구도 이 학급에서는 무시당하지 않고 놀림을 당하지 않는다는 신뢰는 교사의 긍정적이고 지지적인 피드백을 근거로 만들어진다.

(4) 유아들의 성취나 활동의 결과를 비교하거나 강조해서는 안 되며 성공의 경험이 개별 유아들에게 누적되도록 해야 한다. 활동의 과정에서 일어나는 유아들의 반응을 격려하고 지지해 주어야 하며, 인내심을 가지고 과정을 지켜보아야 한다. 다른 영역도 마찬가지지만 유아과학교육은 과정이 곧 결과임을 기억해야 한다.

마음껏 어지르며 놀 수 있는 장소가 필요하다

개방적이고 활짝 열려 있는 교실에서 유아들은 교사에 대한 신뢰감과 대상에 대한 탐구심을 형성하여 진정한 의미의 과학자가 된다.

3 물리적 환경

다른 유아교육의 영역에서도 마찬가지지만 유아들은 경험을 확장시켜야 하며, 이를 위하여 적절한 물리적 환경의 구성이 필요하다. 물리적 환경은 유아들이 다양한 경험을 할 수 있도록 해야 하며 유아들이 일상에서 과학적 호기심 발현과 충족을 위한 자극을 제공할 수 있도록 구성되어야 한다.

구성주의적 교육의 관점에서 유아과학교육은 유아들이 스스로 사물이나 대상 그리고 현상에 대하여 유아 나름대로의 사물과 현상에 대한 이론을 만들고, 확인하고, 시험해 보는 활동이다. 교사는 이러한 것을 격려할 수 있는 물리적 환경을 만들어야 한다.

(1) 가능한 한 과학교육을 위한 전용교실을 구비한다

유아들의 과학활동은 중·고등학교의 그것과는 차이가 있다. 유아들에게 있어 과학은 과학교육을 위한 특별한 장비나 기구보다는 일상의 사물들이 다양하게, 그리고 많이 구비되어 있어야 한다. 유치원에서 공간이 허락한다면 과학교육을 위한 별도의 공간을 마련하는 것이 좋다. 어떻게 보면 유아과학 교실은 여러 종류의 물건들이 쌓여서 마치 고물상처럼 보이는 것이 가장 바람직할 것이다.

성인들에게는 쓸모없어 보이는 가전제품, 일상의 용품 등이 유아들의 과학교육에 있어서 참고자료가 되며 실험도구가 되고, 학습교재로 충분히 활용된다.

더불어 유아과학을 위한 전용공간과 물건을 보관하는 선반과 개수대가 갖추어져 있다면 과학교육을 위한 훌륭한 공간이 될 것이다.

(2) 교실안의 여러 가지 영역들을 유아들이 제약 없이 드나들 수 있도록 한다

유치원의 교실은 유아들의 활동을 위한 여러 가지 영역들로 이루어져 있다. 과학영역은 물론이고 수학, 음률, 컴퓨터, 쌓기, 모래, 미술, 언어 등 다양한 영역들이 교실 안에 있다. 이러한 상황에서 유아들이 자유롭게 움직일 수 있는 이동의 자유를 주는 것이 적절하다. 이것은 과학교육 시간에 다른 것을 자유롭게 할 수 있도록 하라는 것이 아니고, 과학을 비롯한 모든 영역이 유아들의 체형이나 동선을 고려하여 계획적으로 설치되어야 한다는 것이다. 유아들의 행동특성을 고려한 영역의 배치는 유아들의 집중과 적극성을 격려할 수 있다.

또한 과학활동이 일상에서의 여러 가지 물건들을 다양하게 이용한다는 영역이라는 측면에서 본다면 다른 영역의 장비나 교구를 과학활동에 가져올 수 있도록 하기 위한 것이다.

(3) 유아들의 책상을 모듈화한다

초·중등학교에서 우리가 흔히 볼 수 있는 개인별 책상은 유치원에서는 활용에 있어서 확장성이 매우 낮다. 유아들의 활동은 개인의 호기심에서 집단의 호기심으로 확장되고 다른 유아와의 협동적인 탐구행동으로 그 성과가 나타난다.

유아들의 책상을 모듈화하여 이동과 변형이 자유롭게 할 수 있다면 유아들의 의사소통이 활발해지고 과학활동에 대한 흥미가 증가하게 된다. 또 소집단 조직에 있어서 기준이 숫자가 아니고 흥미별로, 좋아하는 친구와 같이 활동할 수 있는 여지가 늘어나게 됨은 충분히 예상할 수 있다.

(4) 유치원의 실외환경을 유아과학교육에 최대한 이용한다

유치원의 실외환경은 다양하다. 정원이 있으며, 운동장이 있고, 연못도 있을 수 있으며, 지역에 따라 텃밭이나 작은 동물들을 키우는 곳도 있다. 그 모든 것이 유아의 과학교육에 있어서 훌륭한 교실이 된다. 교사가 유치원의 생활에서 간과하기 쉬운 아주 작은 구조물이나 시설도 때로는 좋은 과학교육의 소재가 된다.

정원의 개미나 조그만 곤충들, 그리고 유치원의 마당에 떨어진 낙엽들, 굴러다니는 돌들조차도 유아들의 탐구심을 키우는 소재가 될 수 있으며, 유아들의 과학탐구활동에 좋은 교재가 될 수 있다.

유아과학교육에 대한 오해 중의 하나가 과학은 구조화된 기구나 장비, 교재가 있어야 제대로 수업이 이루어진다는 것인데, 완전히 틀린 말은 아니다. 그러나 과학교육의 진정한 시작은 교사가 일상에서 과학수업의 소재와 창의적인 재구성의 방법을 발견하는 것에서부터 실현된다.

4 유아과학교육을 위한 지역사회환경

유치원이 유아들을 위한 교육환경의 전부가 아니다. 가정과 더불어 지역사회의 환경도 매우 중요한 역할을 수행해야 한다. 우리가 잘 알고 있는 레지오 에밀리아 학교는 지역사회와의 협력으로 잘 알려져 있다. 학교뿐 아니라 지역사회가 중요한 교육환경으로서 역할을 하고 있다. 이런 지역사회환경은 유아들에게 다양하고 살아 있는 일상의 경험을 전달해 줄 수 있으며, 유치원에서 경험하지 못한 과학적 경험들을 접할 수 있게 해 준다.

(1) 유아과학교육을 위한 지역사회 환경

과학활동을 위한 지역사회의 환경은 일상적인 환경과 비일상적인 환경으로 나눌 수 있다.

〈표 12-1〉 일상적 지역사회환경과 비일상적 지역사회환경

일상적 환경	마트, 카센터, 컴퓨터 수리점, 도서관, 집에서 가까운 산, 약수터, 논과 밭, 과수원, 자연공원, 숲, 하천(바닷가) 등
비일상적 환경	과학관, 과학순회전시장, 박물관, 동물원 등

유치원이 위치한 지리적인 특성에 따라 이용할 수 있는 인공적·자연적 환경들이 다양하다. 교사는 과학활동의 계획수립과 더불어 지역사회 환경을 미리 조사하여 활용계획을 세워놓는 것이 좋다.

(2) 지역사회환경 활용

대부분의 지역사회 환경은 답사나, 방문 등으로 진행되며 박물관이나 과학관은 본격적인 과학수업의 장소로 활용할 수 있다. 지역사회환경이 의미 있는 과학교육의 자료로 활용하려면 몇 가지의 유의점이 있다.

- 반드시 사전답사를 실시하여 적정 인원과 유아들의 동선, 만약 수업을 실시한다면 적당한 장소를 미리 계획해야 한다.
- 사전·사후 학습이나 심화학습계획을 세워서 체계적인 학습이 될 수 있도록 한다.
- 유아들이 알게 된 것을 스스로 기록하거나, 유아들의 활동을 기록할 수 있도록 한다.

- 유아들의 안전을 위하여 보조 교사나 학부모들을 자원봉사인원으로 확보하도록 한다.
- 지역 환경에서 직접 일을 하는 사람들이 유아들에게 설명하거나 가이드하는 역할을 할 수 있도록 하면 더욱 효과적이다.

이외에도 교육에 관심이 있는 학부모들의 도움을 받아 평소 방문하기가 힘든 곳들을 방문할 수 있도록 유치원과 가정의 협력이 필요하다.

글쓰기 연습을 겸한 요약 및 복습 12

기술과 서술의 차이점	
서술	기술보다 넓은 의미로 어떤 사실에 대한 특징을 순서대로(시간적, 인과적) 적어나가는 것. 글쓴이의 주관적 관점이 논리에 따라 드러나야 한다.
기술	어떤 대상에 내용이나 특징들을 열거하여 쓰는 것을 말한다. 글쓴이의 주관적 관점은 배제된다.

1. 기술 및 서술과제

과제 1	유아과학교육에서 물리적 환경의 중요성을 서술해 봅시다.
과제 2	유아과학교육에서 심리적 환경의 중요성을 서술해 봅시다.

2. 키워드를 따라가는 학습

다음 키워드의 뜻이나 정의를 써 보거나 설명해 봅시다.

교사는 교실문화의 창조자	
교사는 새로운 활동의 연구자	
일상적 환경과 비일상적 환경	

강상(2006). 경사를 이용한 물리적 지식활동이 유아의 과학적 능력에 미치는 영향. 원광대학교대학원 석사학위논문.

강정아(2005). 동화를 활용한 과학 활동이 유아의 과학적 탐구 능력과 과학적 문제해결력에 미치는 효과. 인제대학교 교육대학원 석사학위논문.

고현(2004). 미술활동이 유아의 과학적 탐구능력 및 과학 활동 참여도에 미치는 영향. 원광대학교 교육대학원 석사학위논문.

곽노의, 김창복, 이경순(2005). 유치원과 초등학교 연계론. 창지사.

권영례(2015). 유아과학교육. 학지사.

권이영, 정은영(2016). 과학관 놀이-학습모형개발. 한국과학교육학회지 Vol36. No2.

김경미(2008). 동화를 활용한 과학 활동과 이야기 나누기 활동이 유아의 과학적 태도와 탐구능력에 미치는 영향. 울산대학교 교육대학원 석사학위논문.

김경자(2006). 프로젝트 접근법이 유아의 과학적 탐구능력에 미치는 영향. 국민대학교.

김옥경(2006). 유아과학교육. 동문사.

김용님(2003). 생태학적 접근의 과학활동이 유아의 과학적 능력에 미치는 영향. 원광대학교대학원 석사학위논문.

김춘일 역(1996). 미술과 시지각(Rudolf Arnheim 저). 미진사.

노현희(2005). 탐구중심 활동이 유아의 과학적 탐구능력 및 창의성에 미치는 영향. 계명대학교 교육대학원 석사학위논문.

모기수(2008). 초등과학교육에서 레지오에밀리아 접근법의 효과. 인천교육대학교 교육대학원 석사학위청구논문.

박애순(2004). 생태지향 교육프로그램이 유아의 과학적 탐구능력에 미치는 영향. 경희대학교 교육대학원 석사학위논문.

박호철(2003). MBTL 수업절차 모형이 유아의 과학적 과정기능에 미치는 영향. 성균관대학교대학원 박사학위논문.

박호철(2006). 유아의 시각적 추론모델 형성에 관한 연구. 미래유아교육학회지, 13(2), 381-400.

박호철(2010). 유아의 과학적 탐구기능으로서의 모델링 사용과 탐구기능적 측정

방법의 개선에 관한 탐색적 연구. 부산여자대학 논문집, 31.
변은경(2006). 그림책을 활용한 과학활동에서 교사의 비계설정이 유아의 과학적 탐구능력 및 흥미에 미치는 영향. 성균관 대학교 교육대학원 석사학위논문.
서윤희(2003). 구성주의 이론에 기초한 과학 활동이 유아의 과학적 탐구능력 및 과학적 태도에 미치는 영향. 한국교원대학교대학원 석사학위논문.
서혜정, 박애경, 고지민, 이경연, 장슬하, 김의경(2018). 유아과학교육 - 유아주도의 놀이와 학습으로 다가가기. 공동체.
신은수, 권미경(2008). 경험 귀납적 방법, 가설연역적 방법과 개방적 방법의 과학활동이 유아의 과학적 과정기술과 문제해결에 미치는 영향, 미래유아교육학회지, 15(3), 155-183.
신은수, 안경숙, 김은정, 안부금(2006). 생활과 환경중심의 영유아과학교육. 양서원.
안경숙(2003). 유아과학 활동과 통합된 과학능력 평가도구의 개발: 과학적 태도, 탐구능력, 과학적 개념에 대한 평가. 덕성여자대학 대학원 박사학위논문.
이기현(2013). 유아과학교육(자연과 상호작용을 위한). 정민사.
이순형, 김혜라, 권미경, 서주현, 전가일, 김유미, 임여정, 김은영, 심도현(2011). 유아과학교육. 학지사.
임갑빈, 박명란(2007), 생태유아교육 탐구활동 프로그램이 유아의 과학탐구능력 및 창의성에 미치는 영향, 미래유아교육학회, 14(1), 125-165.
임묘희(2002). 유치원교육경험과 초등학교학업성취도와의 연계성. 서울교육대학교 대학원 석사학위청구논문.
임성신(2008). 탐구적 교수-학습방법을 적용한 유아화학활동이 유아의 과학적 태도와 과학적 과정기능에 미치는 영향. 덕성여자대학교대학원 석사학위논문.
전연주(2006). 가정연계 탐구중심 유아과학프로그램 개발 및 효과. 전북대학교 대학원 석사학위논문.
정경원(2004). 창의성을 중심으로 한 유아과학교육. 학문사.
정현주(2007). 자유선택활동시간의 과학실험활동이 유아의 과학적 탐구능력에 미치는 영향. 배제대학교대학원 석사학위논문.
조부경, 고영미, 남옥자(2012). 유아과학교육(예비교사와 현직교사를 위한). 양서원.

조부경 외(2018). 유아과학교육. 양서원.

조현길(2006), 포스트모더니즘 관점에서본 레지오 에밀리아 접근의 특성: 영남대학교 대학원 석사학위청구논문.

진혜령(2006), 한국여성과학 인력양성을 위한 중등학교교사의 역할에 대한연구 비교분석: 고려대학교 대학원 석사학위청구논문.

조형숙, 김선월, 김지혜, 김민정, 김남연(2014). 유아과학교육. 학지사.

조형숙 외(2018). 삶의 가치와 아름다움을 찾아가는 유아과학교육. 학지사.

최안좌(2006). 통합적 과학놀이 활동이 유아의 과학적 개념 및 탐구능력에 미치는 영향. 남부대학교 교육대학원 석사학위논문.

추지연(2006). 유치원의 수학적 탐구영역과 초등학교 1학년 수학교육과정의 연계성에 관한 연구. 춘천교육대학교 교육대학원 석사학위논문.

한미라, 이미경(2001). 수학교육과정의 연계성에 관한연구: 유치원과 토등학교 1학년을 중심으로: 교육이론과 실천.

Boulter, C. J. & Buckly, C. B. (2000). *Constructing a Typology of Models for Science Education*. In J. K. Gilbert. & B. C. Boulter.(Eds). Developing models in Science Education. 41-57. Boston; Kluwer Academic Publisher.

Chaille, C. & Britain, R. (1996). *The young child as scientist: A constructive approach to earlychildhood science education*. Allyn & Bacon.

Gallagher, J. J., & Ascher, M. J. (1963). A preliminary report on analyses of classroom interaction. *Merrill-Palmer Quarterly*, 9(1).

Gelman, R., Bullock, M. & Meck, M. E. (1980). Preschooler's understanding of simple object transformation. *Child Development*, 63, 673-691.

Gilbert, J. K. & Boutler, C. J. (1998). *Learning science through model & modelling*. In. B. J. Fraser. & K. G. Tobin.(Eds). International Handbook of science education, 53-66 GB: Kluwer Academic Publisher.

Gober, J. D. (2000). Introduction to model-based teaching in science education. *International Journal of Science Education*, 22(9), 891-894.

Gupta, P. D. & Bryant, P. E. (1989). *Young Children's casual inferences*. Child development, 60, 1138-1146.

Halford, G, S (1993). *Children's Understanding: The development of mental models*. NJ: Lawrence Erlbaum Associatea.

Harlen, J. D. & Rivkin, M. S. (2000). *Science Experiences for the Early childhood years: An integrated approach*. Englewood cliffs, NJ: Dale Seymour.

Harlen. W. (1999). Purpose and Procedures for assessing Science process skills, *Assessment in Education*, 6(1), 129-143.

Harrison, J. D. & Treagust, D. F. (2000). Modeling in Science lessons: Are there better ways to learn with models. *School Science and Mathematics*, 5, 260-267.

Khan, T. M. & Brown, K. (2000). Model-Based training of situated skills. *British Journal of Educational Technology*, 31(2), 171-179.

Lippit, G. L. (1973). *Handbook for visual problem solving: A resource guide for creating change models*. Bethesda Maryland: Development publications.

Martin, D. J. (2000). *Elementary Science Methods: A constructivist Method*, CA: Wadsworth.

Ostlund, K. (1992). *Science Process Skills: Assessing hands-on student performance*. NJ: Dale Seymour Publication.

Miller & Osborne (1999). Beyond 2000 science /biology education for the future. *Journal of biological education*, 33(2):68-70 · March 1999

Ramig, J. E., Bailer, J. & Ramsey, J. M. (1995). *Teaching Science Process Skills*. 5-6. CA: Good Apple.

Rezba, R., Sprague, C. S., Fiel, R. L. & Funk, H. J. (1995). *Learning and Assessing Science Process Skills*(3rd Eds). Kendal/Hunt.

Tamir, P., Doran R. L., Kojima, S. & Bathory, Z. (1992). Procedures in research used in practical skills testing in science. *Studies in Educational Evaluation*, 18, 277-290.

Treagust, A. G. & Harrison, D. F. (2000). A typology of science models. *International Journal of Science Education*, 22(9), 1011-1026.

저자소개

박호철

부산교육대학교 졸업
계명대학교 교육대학원 유아교육과 졸업
성균관대학교 대학원 아동학과 졸업
현 부산여자대학교 유아교육과 교수

예비유아교사를 위한 **유아과학교육**

초판 1쇄 인쇄 / 2019년 7월 20일
초판 1쇄 발행 / 2019년 7월 25일

저 자 / 박 호 철
발행인 / 이 중 수
발행처 / **동 문 사**

서울특별시 서대문구 홍제원 1길 12
(홍제동 137-8)
Tel: 02)736-3718(대), 736-3710, 3720
Fax: 02)736-3719
등록번호: 1974.04.27. 제9-17호
가격: 20,000원

ISBN: 979-11-6328-212-9 (93370)
E-mail: dong736@naver.com
www.dongmunsa.com

저자와의 합의하에 인지는 생략합니다.